基金编号：本书是2020年度辽宁省社科基金项目《区域治理视域中乡村小学教师学科结构性缺编的问题及对策研究》（编号：L20BSH014）的阶段性成果之一。

教学技能研究

李宏 —— 著

新 华 出 版 社

图书在版编目（CIP）数据

教学技能研究 / 李宏著 .—北京 : 新华出版社，

2023.7

ISBN 978-7-5166-6906-8

Ⅰ.①教… Ⅱ.①李… Ⅲ.①教学法 Ⅳ.

① G424.1

中国国家版本馆 CIP 数据核字（2023）第 134110 号

教学技能研究

著者：李宏

出版发行：新华出版社有限责任公司

（北京市石景山区京原路 8 号 邮编：100040）

印刷：三河市龙大印装有限公司

成品尺寸：170mm×240mm 1/16   印张：14.75   字数：211 千字

版次：2024 年 7 月第 1 版   印次：2024 年 7 月第 1 次印刷

书号：ISBN 978-7-5166-6906-8   定价：82.00 元

微店   视频号小店   抖店   京东旗舰店

微信公众号   喜马拉雅   小红书   淘宝旗舰店   扫码添加专属客服

前　言

　　教学技能是教师专业化发展的重要标志之一，也是师范生综合素质的重要组成部分。随着基础教育改革的深化及教师教育改革的深入，对教学技能的培养和培训提出了许多新的要求，深入探讨教学技能培养培训模式，不仅有助于提高师范生的培养质量，也为职后教师的可持续专业成长提供优质资源，特别是改善乡村义务教育教师队伍学科结构性缺编具有直接的指导价值。

　　当前国内学界对教师课堂教学技能的研究已有很多成果，从研究范围来看，针对教师职前教学技能研究大于职后教学技能研究。从研究内容来看，多从教学技能运用的影响因素和相对应的对策入手进行分析，但在教学技能运用影响因素中，有关教师自身方面的影响因素研究和总结还不是很全面。因此从教师角度出发，切实了解和掌握教师的真实需求，探讨一条职前职后一体化的教学技能培养路径尤其必要。

　　本书围绕教师教学技能职前培养和职后应用及培训两个领域，按照"问题——情境"式的教学经验表征、"功能——手段"式的教学策略表达、"归纳——印证"式的教学实践理论的研究逻辑，根据教学技能的实践知识，开展教学技能的行动研究，梳理教学技能的实践问题，探讨教学技能的培养策略。职前篇侧重小学教育本科师范生和小学教育专业硕士学位研究生两个学段的教学技能培养开展研究；职后篇针对导入技能、提问技能、板书技能、粉笔书写技能、课件制作技能、教具制作技能等通用教学技能的应用和培训开展研究。以期对农村小学教师资源配置中存在的问题提出建设性的意见和对策，为义务教育阶段教师的专业成长提供借鉴。

　　在本书写作过程中参阅了许多国内外文献，再次表示诚挚的谢意。由于精力和水平所限，还有疏漏和不足之处，恳请专家读者批评指正。

作者

2023 年 5 月

目　录

职 前 篇

第一章　本科小学教育专业学生教学技能研究 ………………… 3

一、教学技能培养目标要彰显"本科"特色 ……………… 3

二、本科小学教育专业学生教学技能的培养模式 ………… 4

三、教学技能培养模式的运作机制 ………………………… 9

第二章　教育硕士学位研究生教学实践能力研究 …………… 11

一、教育实践能力相关概述 ………………………………… 11

二、教学实践能力研究述评 ………………………………… 13

三、教学实践能力的应用研究 …………………………… 20

第三章　本科小学教育专业学生说课技能研究 ……………… 35

一、说课技能的相关概述 …………………………………… 35

二、说课技能的研究述评 …………………………………… 37

三、说课技能的应用研究 …………………………………… 48

职 后 篇

第一章　导入技能研究 ………………………………………… 63

一、导入技能的相关概述 …………………………………… 63

二、导入技能的研究述评 …………………………………… 67

三、导入技能的应用研究 …………………………… 73

第二章 提问技能研究 …………………………………… 89

一、提问技能的相关概述 …………………………… 89

二、提问技能的研究述评 …………………………… 90

三、提问技能的应用研究 …………………………… 96

第三章 小学语文教师板书技能研究 ………………… 110

一、小学语文教师板书技能的相关概述 …………… 110

二、小学语文教师板书技能的研究述评 …………… 115

三、小学语文教师板书技能的应用研究 …………… 119

第四章 粉笔书写技能研究 …………………………… 133

一、粉笔书写技能的相关概述 ……………………… 133

二、粉笔书写技能的研究述评 ……………………… 139

三、粉笔书写技能的应用研究 ……………………… 143

第五章 课件制作技能研究 …………………………… 164

一、课件制作技能的相关概述 ……………………… 165

二、课件制作技能的研究述评 ……………………… 168

三、小学课件制作技能的应用研究 ………………… 176

第六章 小学科学教具制作技能研究 ………………… 195

一、小学科学教具制作技能的相关概述 …………… 195

二、小学科学教具制作技能的研究评述 …………… 205

三、小学科学教具制作技能的应用研究 …………… 209

参考文献 ………………………………………………… 220

职
前
篇

第一章
本科小学教育专业学生教学技能研究

    教学技能是教师专业化发展的重要标志之一，是师范生综合素质的重要组成部分。随着基础教育课程改革的深化及教师教育改革的深入，对教学技能的培养提出许多新要求，本科小学教育专业教学技能培养模式的改革与创新研究就是解决这个问题的重要一环。从 1998 年以来，本科小学教育专业作为高等教育体系中的新兴专业，在人才培养模式、课程设置等方面开展了诸多改革与探索，随着新一轮基础教育课程改革的深化和发展，对教师专业素质的要求也随之提高，同时也使得本科小学教育专业人才培养面临许多新问题。

一、教学技能培养目标要彰显"本科"特色

（一）确立科学的本科小学教育专业教学技能培养目标

    本科小学教育专业定位为培养具有现代教育理念，并能胜任小学教育教学科研工作的小学教育工作者；具体来说，就是培养具有丰厚的专业基础理论、扎实的专业知识和基本技能的本科学历教育学学士。1994 年国家颁布的《高等师范学校学生的教师职业训练大纲（试行）》也为构建本科小学教育专业教学技能培养目标提供了基本依据。在本科小学教育专业教

学技能培养实践过程中，将这一目标具体分三个层次：首先，培养具有基本技能的现代人；其次，培养具有基本教学技能的小学教师；再次，培养具有综合教学能力的小学教师。

（二）本科小学教育专业教学技能培养内容符合当代小学教师专业化发展的要求

当前，我国教师专业化发展仍存在许多问题：如许多一线教师面对不断涌现的教育理念、教育技术，感到束手无策；从教师的专业能力上看，与教学知识、学科教学知识、情境教学知识相关联的教育专业课程培训比例过小，班级管理、教育科研、教育评价、多媒体教学等现代教师迫切需要加强的能力缺乏训练；从教师专业道德上看，个别教师事业心、进取意识、敬业精神不足；从专业训练上看，我国中小学教师学历水平偏低，难以适应素质教育和新课程改革的需要。可见，锻造一支集实践、研究、反思于一体的专家型教师队伍，是促进教师专业化发展的关键所在①。本科小学教育专业教学技能培养内容确定的依据是在高等师范学校（以下简称高师）教学技能要求的框架内，继承传统教学技能的基础上，遵循小学教师教学技能的特殊性要求，结合当代小学教师专业化的要求，内容上有所更新、拓展和深化②。

二、本科小学教育专业学生教学技能的培养模式

（一）培养内容的界定

从传统上讲，高等师范学校学生应具备的教师教学工作技能包括五个

---

① 荆莉. 小学教师专业化发展的问题与对策［J］. 教学与管理，2005（3）：20.
② 孙晨红，莫延利，林晓颖，等. 本科小学教育专业教学技能培养研究［J］. 吉林省教育学院学报：学术版，2008（2）：20.

方面：教学设计技能、获取信息技能、课堂教学技能、综合实践技能及教学研究技能。结合新课程改革的要求，本科小学教育专业教学技能培养内容应在继承传统教学技能的基础上有所提升，以满足小学教育特殊性的要求。具体来说，将课程资源的开发与使用技能、启发引导学生积极探索技能、交流合作与沟通技能、现代信息技术与课程整合技能融入教学技能结构之中。因此，将本科小教专业的教学技能划分为一般技能、学科特色技能和综合教学技能三大版块。一般技能包括语言（口语和体语）表达技能、书写技能、教育信息技术技能、简笔画技能、教育教学实用文体写作技能等。学科特色技能包括教学设计技能、上课技能、作业布置批改技能、课外辅导技能、教学评价技能等。综合教学技能包括说课技能、组织教学技能、教学反思技能、评课技能、教学研究技能等。

（二）培养阶段的确立

结合小学教育专业特色，大胆革新，将教学技能培养阶段划分为："一二年级夯实、强化专业基础，树立专业意识；三年级进行模拟仿真训练；四年级进入一线实战。"具体操作如下：

一二年级进行教育教学方面的专业理论学习，夯实专业基础，辅之以每学期的教育参观与考察；经过广泛调研，小学教育专业教学团队制订了全新的模块化课程设计方案。在学分分配上，在专业限定选修课、实践环节、实验课程等方面的学分较重。在选修模块中，针对不同类型的学生，设置了教育心理模块、小学数学模块、小学语文模块、小学科学模块、教育管理模块、名师成长模块、课程改革模块、现代教育技术模块等，着力培养其教学与管理能力。对教学过程进行情景化改革，目的在于追求专业教学改革的实效性和实用性。教学技能主要体现在在教学中引导学生参与，把讲授式教学、探究式教学、合作式教学等模式融入到课程教学中，学会以"行动研究"的方式介入小学教学实践研究，使学生在学习知识与理论的同时，通过体验、参与，培养其教学实践技能。

三年级进行教育实践类课程学习与针对性训练，并进入一线学校进行教育见习、听课评课、模拟训练；坚实走"走进田野，扎根基层"的路线，由专业教师带领学生深入基础教育一线课堂观摩，采用全景式教学、现场诊断式教学、情境教学等方法，激发学生探究的热情与兴趣。

四年级（包括三年级下学期）进入中小学一线教育实习或"顶岗实习"。以互惠互利的实习基地建设为龙头，达到既服务于基础教育又使教学技能培养形式多样化的双重目的。为保证实习质量，实施"校外导师制"，即从大三学年开始，即安排学生到小学和骨干教师确立"师徒关系"，签订目标责任书。将教学技能的培养训练指标科学量化，师徒双方除了按时保质保量地交作业外，还要接受量化指标的评测，进而实现评促机制的平稳运转。

（三）训练方法的更新

目前，在我国比较盛行的教学技能训练方法主要有以下三类：第一类是师生双方机动操作、分步训练的基本方法，包括观察法、书面作业法、对镜练习法、录音训练法；第二类是师生双方依靠情境和设备条件对教学技能进行分解训练的方法，包括角色扮演、模拟教学、微格教学；第三类是进入教学现场开展综合训练的方法，主要是教学的见习、实习①。各种方法相互关联、相互渗透。实践证明，上述训练方法各有短长，因此，深入挖掘每种训练方法的优势，扬长避短便成为教学技能训练的当务之急。

观察法的优势在于容易采用，但对观察者的素养要求较高，在实践过程中许多观察者往往经受不住现场的干扰因素的考验，往往一无所获。因此，在训练过程中注意引导学生首先选定具有典型性的观察对象，继而拟定观察计划，之后观察者要用客观的态度分析观察，随之捕捉到不易被人

---

① 欧阳文. 教师教学技能分解训练方法体系初探［J］. 长沙电力学院学报：社会科学版，1999（2）：117.

察觉的最有魅力的教学特征，使观察法落到实处。书面作业法常被运用在掌握一定量的教育教学知识之后，进入实际教学操作之前，其优势在于帮助学生整理思路，敏锐而准确地表达思想，其缺陷在于往往流于纸面，与真实的教学情境尚存一定差距。因此，在书面作业的评定过程中要请一线教师深入课堂与同学们面对面交流，提高书面作业法的训练效果。对镜练习法和录音训练法的优势是取材容易、操作简单、方便易行，便于学生充分发挥主体作用，但评价的主观性较强，客观性不足。为使这两种训练法的评价公正客观，应利用学生干部和训练小组的骨干成员随时监督并通过自我评价量表的数据抽查予以验收。角色扮演和模拟教学训练法能使学生有新鲜感，做起来比较投入，不会存在心理压力，其难点在于创设的教学情境一定要保真，不能有丝毫马虎。为此，在训练过程中，可以从实习基地约请部分在校小学生来"助课"，让学生有身临其境的感觉。微格教学目前在我国还是比较普遍的教学技能训练模式，具有目标明确、可操作性强、反馈及时有效、可评价性强等优点，但也存在两方面的问题：一是评估指标的针对性、科学性不够；二是缺乏对学生心智的培养和训练。在实践过程中，应加大对微格教学设施的改进，同时提升师生的"微格"意识，以保证微格教学质量。教育实习与见习是教学技能训练不可或缺的重要环节，但也存在学生对实习与见习的意义和重要性认识不足、教师指导不到位、实习基地难找等问题，在实践过程中，以大力加强指导教师队伍建设、增加实习经费投入、科学选定实习见习时间为突破口，已初见成效。虽然在训练过程中应尽可能回避各种训练方法存在的不足，但各种训练方法是可以互相融合、渗透的，只有综合利用、合理开发，才能更好地发挥作用。

（四）评价体系的改进

教学技能评价是为了达到提升的目的，《新课程标准》提出，要"改变课程评价过分强调甄别与选拔的功能""建立促进学生全面发展的评价体系""建立促进教师不断提高的评价体系"。可见，对本科小学教育专业学生教学技能评价体系进行适当调整和改革是十分必要的。

1. 评价标准与评价策略。本着将新课程的要求与学生的自身专业素质发展相结合的宗旨，以《课程标准》作为建立本科小学教育专业学生教学技能评价体系的依据。科学拟定《小学教师教学技能》评价量表，每个评价量表由有详细说明的指标、权重系数、等次、得分四项组成，包括教学设计技能训练评价量表、教材的分析和处理技能训练评价量表、教案编写技能训练评价量表、说课练习评价量表等。同时注意灵活掌握评价标准，兼顾学生的个性与特长，因材施教。与此同时，建立多元化、多维度的评价结构，在主体的选择上，变教师单一评价为自我评价与集体评价及社会评价等相结合，保证评价的全面、客观，提高学生教学技能学习的积极性。如：对于一般教学技能的评价，将自我评价和教师评价整合在一起运行；学科特色技能评价中要兼顾到集体评价和教师评价；综合教学技能评价中，特别是在实习阶段采用社会评价、自我评价、集体评价相结合的评价方式等；在理念上，充分认识到评价是一个动态的过程，坚持发展性评价理念。

2. 评价方式。教学技能训练要收到良好的效果，就必须重视学生自我评价体系的作用。学生自我评价可以充分调动学生的自觉性和主动性，发挥学生自我开发的潜能。在教学技能训练过程中，学生的自我评价体系的建构可以分为制订量表和建立成长档案袋、实验评估、反馈修改三个环节①。在量表中构成学生自我评价的栏目主要有初始记录、小先生评价、自我评价和合作组评价，通过这些记录和评价，学生可以客观全面地了解自己的教学技能训练程度，通过全方位的评价有针对性地促进学生的进步。收集保存学生在教学技能训练过程中的各种资料，如教案、教学设计、听课评课记录、自我反思等，建立成长档案袋，进而如实反应学生的

---

① 付睿. 教学技能训练学生自我评价体系建构初探［J］. 现代语文：教学研究版，2011（5）：65.

成长过程。之后要进行至少两轮的教学技能测评实验。此外，学生的反馈信息和相关教学委员会专家的意见，又从机制上保证了自我评价体系的运行质量。

三、教学技能培养模式的运作机制

（一）组织机制

如何有效地组织相关教育资源形成稳定有序的运行状态，是教学技能培养模式运作的关键问题。素质学生会和素质班委会是深入在院系和班级的教学技能自我训练、自我检查、自我养成的学生组织，下设五个部门：办公室、组织部、宣传部、训练部、考核部。同时组织并管理两大学生社团：书法学会和演讲团。此外，还倡导学生自发组织各种训练社团：课件制作小组、班主任研究会、未来中学领导干部学校等，使学生的教学技能训练最终形成了自我养成组织体系。学生从学校要求检查督促中形成了自我内在的要求，使训练走向自觉、自我的需要。

（二）激励机制

为激发学生参与教学技能训练的主动性和创造性，定期在学生中间举行"师范生模拟课堂大赛"，组织学生参加全国书法等级考试、语言文字能力考试等，对于在这些考试、比赛过程中表现突出者予以物质奖励。学校还可为此设立奖励基金，奖励在组织与管理、技能培训过程中有突出贡献和优异表现的同学，并在学年评定中予以加分。

（三）制约机制

为使教学技能训练有序化，保证训练质量和效果，建立学生素质成长档案，又称未来教师成长记录档案。档案内容包括各项能力考核成绩卡、学生实践能力作品、学生获奖证书等。教学工作成绩不合格的学生，不能以正式实习生的身份参加实习。对于各项教学工作成绩均在及格以上的学生，学校为其颁发《教师专业实践能力合格证书》；若有一项成绩不合格，不发《教师专业实践能力合格证书》。未获得《教师专业实践能力合格证书》的学生，学校将视其不具备教师资格，不为其颁发"教师资格证"。

（四）合作机制

自愿、平等、合作、共赢、互动互生是该教学技能培养模式各要素合作的基本理念，主要体现在课程教师与小学一线的指导教师之间的合作，课程教师与班级辅导员之间的合作、班团组织与实习基地之间的合作三个维度。其中，小学一线的指导教师在与高校教师的合作中加强了教学研究，在对小学教育专业学生的技能指导中加强了教学反思，促进了小学一线教师的专业成长；班团组织与实习基地的合作不仅提升了班团活动的价值，而且为小学教育专业学生教学技能培养提供了更多的训练平台。

总之，教学技能培养是一个复杂的工程，针对师范生教学技能形成的规律性和本科小学教育专业培养的特殊性，探索先进的本科小学教育专业教学技能培养模式，构建科学的本科小学教育专业教学技能培养体系是解决问题的关键所在。

第二章

教育硕士学位研究生教学实践能力研究

1996 年，国务院学位委员会通过了《关于教育硕士专业学位设置和考试运行的报告》，启动了我国教育硕士专业学位学生的培养进程。2010 年，《国家中长期教育改革纲要（2010—2020）》指出，要提高高等教育人才培养质量，把教育作为教师考核的第一内容，同时加强校外实习基地建设，不断加强实践教学环节。在未来的教师职位竞争中，教育硕士的比重会逐渐增加，就业竞争的压力也会增大。切实提高教育硕士的教育实践能力，一方面可以使就业具有一定的优势，另一方面对未来教育的发展也有积极的促进作用。但在部分硕士教育培养中，学术轻实用、理论轻实践、理论与实践相脱节、对学生实践能力认识不足等现状依然存在。"教育硕士的培养要突出'实践性'，对硕士教育研究进行专业高层次的教师职业培养，使之成为从事基础教育教学和教学管理工作的高层次人才。"克服其培养中的弊端，提高教育硕士生教育实践能力是小学教育发展的应有选择，只有这样才能使教育硕士生的教育实践能力对教育硕士顺利就业的促进和教育工作的顺利开展发挥积极作用。

一、教育实践能力相关概述

深刻的教育理论知识和完整的教育实践能力是优秀小学教师必备的专

业素养，有学者也指出：实践教学能力是师范类专业教师适合任教的条件之一，指出发展教育实践能力和学习学科教育知识是职业前教师接受专业教育的根本任务。

（一）实践能力

实践能力从哲学角度看，是个人完成特定实践活动的层次和可能性；从教育学角度看，是指个人解决实际问题的能力；从心理学角度看，是保障个体顺利运用现有知识技能解决生活实际问题所需的生理和心理特征。综合众多学者对实践能力的观点，实践能力是指学生为解决教育教学实际问题所学的教育理论知识与实际教学情况相结合并能加以运用的能力。

（二）教育实践能力

关于教育实践能力的探讨如上所述作了很多阐述，但在此不作详细阐述。综合学者们的观点，研究人员倾向于莫里逊（Morison）和麦肯塔尼亚（Macantonia）的定义，即"认为这是为达到教育上规定的一些目标而采用的一种极为普遍有效的教育活动方法"。因此，对教学理论的教学实践能力是在综合运用教学理论的基础上，做出符合实际课堂情境的教学行为，顺利达到教学目标的能力。

（三）教育硕士研究生

教育硕士是职业性学位，在我国被称为专业学位，培养具有现代教育观念、具有较高理论素养和实践能力的教育管理干部和骨干教师。本研究中的教育硕士生是指在全日制教育硕士课程（小学教育专业）就读的研究生。即，生源以应届毕业生为主，采取全日制在校学习形式，毕业后可获得大学毕业证书和教育硕士学位证书的在校全日制教育硕士研究生。

二、教学实践能力研究述评

（一）国外教学实践能力研究

在美国、德国等教育发达国家，对师范生的教学实践能力的重视程度要远远高于硕士学历本身，从上世纪初期，开始对教师教育的教学实践以多种形式发表其培养建议。

1. 重视师范生的能力教育高于学历教育

查阅资料我们会获得这样的信息："德国的师资教育的高水平在国际比较中是相当著名的。德国教师教育的最大特点同时也是它的成功秘诀在于：重视师范生的教学实践，充分发挥和利用指导教师的作用。"就此德国人也自豪地认为："在 150 年中，德国师范教育的发展为广大儿童接受超过国际水平的教育与教学创造了条件。"学者杜惠洁在《实践指导教师：德国教师教育的桥梁性角色》一文中也指出："由学术研究型高校培养各级各类教师、为师范生提供大量学习实践机会，是当前德国教师教育的主要特征。"文章从德国教师教育的学习实践理论观点的评析入手，阐释了实践指导教师的地位、任职期待、任职资格、作用与任务，指出学习实践指导教师在德国教师教育中担任的连接教育理论与学校实践的桥梁性角色。

1944 年英国的麦克奈尔委员会发表的题为《教师和青年指导人员》的报告中建议"合格的教师要经过一定时期的专业训练"，并在 1992 年正式宣布实施"'三位一体'的教育实习模式"。就此，在上个世纪 60 年代，英国教育家艾萨克·康德尔在其论著《教育的新时代：比较研究》中曾指出："读完师范院校的课程并不意味着师资培训任务已经完成，这一点跟读完医科或法科课程相似，没有经历实践教学就培养不出高水平的医生或律师一样，也不能培养出高水平的教师来。"

与此同时，法国的郎志万委员会在改革师资培训制度上也对教学实践提出建议："所有想当教师的人，他们的大学课程应该在师范学校学习，同时在附属学校上观摩课和实习课，并为学习大学里开设的学术性专门学科打好基础。师范学校的毕业生要进大学学习两年，获得学士学位后便有资格按其爱好、倾向和专长去中小学任教。经过一年的实习后，才能成为正式教师。"同时在《教育法令》中，要求师范学校的教学工作要密切联系附属学校，附属学校要为学生提供见习、示范和实践的机会。

综上所述，国外，尤其是教育发达的国家，更关注培养师范生的教学实践能力。从德国的教育实践机会的提供，到英国职前教师教学实践的专业训练，再到法国在教育法令中对成为教师的教育师范生的严格规范，我们可以看出：一方面，师范生职前教学实践的训练和培养，主要在教育见习、实习中进行；另一方面，从英法两国在制度和法令中对师资培训制度的规范，也突显了国外教育对教学实践能力的特别关注。

2. 教学实践能力培养

20 世纪 80 年代，发达国家就开始重视准教师教学实践能力的培养。美国针对教师教育存在的问题，霍姆斯小组（Homes Group）历经 15 个月的研究，于 1986 年 5 月，发表了《明日之教师》的报告，"力图在改变教师培养的方式，调整教育学院的功能，改变师资培养的课程，加强大学与中小学的合作，以实现提高教师教育质量的目的"，为教师的未来发展提供指导。1990 年又在《明日之学校：专业发展学校设计之原则》的报告中，强调了学校给职前和在职教师提供示范、实践机会的重要性。与此同时，加拿大学者也开始致力于教师个体实践知识的研究，其中学者康奈利（Connelly）和柯蓝帝宁（Clementine）在《教师专业知识场景》中，专门就教师知识如何应用到教学之中做了讨论。

到 1982 年，道格拉斯.米勒（Douglas R Miller）在其《教育心理学简介》中，提出教学实践能力的内容有：思考与设计能力、学习与鼓励能力、导入与探究能力以及质疑能力几个维度。2009 年，英国学者 Lain Florien（莱恩.弗洛瑞）和 Martyn Rouse（马丁.罗斯）在论文中提倡"通过课堂教学来发展教师的教学实践能力"。次年，美国学者 Rust F. O. C（拉斯特. F. O. C）在《教师教育的新模式》一文中，表明："教师教育，尤其是职前教师的教育培养，应该通过把高校和中小学联系起来的方式，以达到将教育理论和实践相结合，从而促进职前教师培养的目的。"这一点似乎正与法国教育法令中对教师教育的教学实践能力培养的要求以及日本基于"实践育师"的原则不谋而合。

对于教育硕士教学实践能力培养的问题上，美国意在培养"临床型教师"，学者 Mary Selke（玛丽.赛尔克）在其文章《论美国教育硕士学位教师专业发展》中指出，"教育硕士的教学实践能力培养的关键在于帮助学生营造一种具有反思性和探究性的学术氛围"，旨在让学生在学术氛围中利用知识经验去实践。2005 年，耶鲁大学启动了"城市教师项目"。该项目将整合研究生学术工作与康涅狄格州中等教育教师教学资格的内容，参与该项目的硕士学位研究生被称为"耶鲁大学城市教学特种兵（the Urban Teaching Corps）"。项目申请资格中对硕士研究生的教学实践能力也有严格的要求。

由此可见，对于教育硕士的教学实践能力培养问题，西方国家从加强大学与中小学之间的联系入手，通过教学实践基地的建设和课堂教学中的实践，逐步地培养和发展教师的教学实践能力。在培养过程中，对教育理论和实践之间、学术的反思性与探究性之间的联系也十分重视。

（二）国内教学实践能力研究

查阅国内有关师范生的教学实践能力或小学教育专业教学实践能力培养时，相关研究文献和成果较多，且集中于高师和专科教育的培养上，当把关键词换成"小学教育专业"和"教育硕士"时，在 CNKI 上的检索结果却非常少，或许是由于教育硕士学位设置的时间较短，关注的学者不是很多，但并不意味着教育硕士的教学实践能力培养中不存在问题。而当前对于教学实践能力的内涵、教学实践能力的构成要素以及教学实践能力的培养方面的研究比较多，对三者的认识是进一步探究小学教育专业教育硕士教学实践能力的基础。

1. 教学实践能力的涵义

目前针对教学实践能力涵义，以师范生为对象进行的研究居多，而针对教育硕士教学实践能力的讨论却很少。考虑到教育硕士与师范生教育有着密切的关系，所以从教学实践能力、师范生教学实践能力和教育硕士教学实践能力三个角度来分别展开论述。

（1）教学实践能力

学者们从不同的角度对教学实践能力的涵义做了界定和论述。我国学者冯善斌认为：教学实践能力是"教师在教学实践活动中形成的、存在于教师个人经验之中的、有关教学活动的直觉认识，是教师在教学活动中的一种瞬时的直觉机智和未加思索的及时性行动品质"。李忠诚则认为教学实践能力是"教学活动中影响教师组织学生参加实际活动顺利完成的个性心理特征"①，与王宪平的"促进学生身心全面发展所表现出来的个性心理特征"的观点不谋而合，持相同观点的还有北京师范大学教授刘儒德。

（2）师范生教学实践能力

学者冷蓉把师范生的教学实践能力定义为："教师在运用所学到的理论知识，从事培养人的教育实践活动时所必须具备的生理和心理特征，它以表达能力、逻辑思维能力为基础，是智力技能与动作技能的综合体现。"沈阳师范大学刘晓茜则定义为："教学实践能力是学生在教育理念的指导下，确定教育教学目标，依据学生已有的理论知识和程序性知识，运用一定的教学的手段、方法、技能，完成教育教学工作的能力。其内涵包括教学监控能力与教学操作能力。"并对其监控和操作能力进行了细致的描述。陕西师范大学郭晓靖则根据研究角度、研究目的和研究内容的不同，将师

---

① 李诚忠. 教育词典［Z］. 哈尔滨：黑龙江科学技术出版社，1989.12：57.

范生的教学实践能力内涵的特点总结为："教师基于学科基础知识和教学基本功的支持及教育教学理论的指导，在教学实践活动中，通过参与含有把握教材教法、教学设计和优化教学策略、组织调控教学等实践程序的实践活动的过程中形成的一种教学实践能力。"

（3）教育硕士教学实践能力

沈阳师范大学的刘璐在其学位论文中将教育硕士的教学实践能力定义为："在教学实践活动中教学行为与课堂教学情境相符合的综合素养的体现。即在教学实践活动中恰当、灵活运用所学知识与技能，顺利完成教学任务的能力。"

而学者冯晓丽以"基础—操作—发展"为主线，将硕士研究生的教学实践能力划分为教学基础能力、教学操作能力与教学发展能力，并将教育硕士的教学实践能力定义为："教师在教学实践活动中所学得知识与技能的基础，并通过持续的实践锻炼形成的，以基础能力为基础，以操作能力为手段，以发展创新能力为重点的一种教学能力。"

教学实践能力的培养是教育硕士研究生培养中不可或缺的一部分。在探究教育硕士教学实践能力培养问题时，首先要明确其内涵。上述不论何种角度对于教学实践能力及其相关概念的界定，尽管表述略有差异，但都是针对教学实践能力在教学之中，为完成教学目标而在实践中综合运用多种教育教学的知识、技能完成教学任务的能力或个性心理特征。从前人的研究中可以发现，目前为止，几乎没有人就小学教育专业的教育硕士教学实践能力的内涵做相关界定。

2. 教学实践能力的构成

学者们研究的重点放在了"师范生的教学实践能力"的构成之上，对于"教育硕士的教学实践能力"的构成研究微乎其微。所以，本章立足于师范生教学实践能力的构成，来进一步论述教育硕士教学实践能力构成的研究现状。

（1）师范生教学实践能力的构成研究

东北师范大学的薛娜通过文献研究发现："随时间的推移，学者们对教学实践能力构成的研究已经突破了只把教师当作一个知识传授者的层面来研究教学实践能力的局限，以适应经济和社会的发展以及基础教育课程改革的进行，开始加强对教师发展能力的研究。"

（2）教育硕士教学实践能力的构成研究

宁波大学邵光华教授以教学实践关系为基础，将教学实践定为理论学习、教育实习和基地实训三者交融的部分。东北师范大学李海燕将教学实践能力从教学设计能力、课堂教学能力、实验教学能力和教学评价能力四个维度进行了划分，并且在这四个维度下又扩充出学情分析、教学反思能力等15项具体能力。

中央民族大学的黄锐在对学者傅维利"个体实践能力构成的四维要素"进行分析的基础上，将教育硕士实践能力分为"一般实践能力"、"专项实践能力"和"情境实践能力"。其中，一般实践能力包括身体、智力、心理三方面的能力；专项实践能力分为专业知识获取能力和专业知识应用能力；在情境实践能力上，划分为识别、分析、领导、总结以及战略决策和沟通协调能力。

从上述学者们的研究中我们可以看出，师范生和教育硕士生在教学实践能力的构成问题上并没有太大的差异。两者相比较而言，学者对于硕士生在该问题上的结构划分逻辑性比较清晰。这也为本研究提供了有重要价值的参考借鉴材料。

3. 教学实践能力的培养

我国全日制教育硕士培养现状方面的研究居多，但针对教育硕士的教学实践能力的研究却很少，针对小学教育专业的研究更是屈指可数。

2014年，东北师范大学就全日制教育硕士研究生培养问题进行了综合体制改革，"以提升全日制教育硕士的实践教学能力、教育教学实践能力为目标，以其实践能力培养为主线，将实践能力培养融于课程建设、基地实践等环节"，同时加强实践基地等的建设，构建教学实践能力培养体系，以提高教育硕士实践能力培养质量，创建"体验·提升·实践·反思"全程贯通一体化的培养模式。东北师范大学的此项改革，对国内其他院校产生了一定的示范作用，同时也深化了对教育硕士的教学实践能力在人才培养中的重视程度。

西南大学的宋楠楠在《高师学生教育实践能力的养成探究》一文中，从高师学生教育实践能力的内涵与表现谈起，论述其形成过程和培养目标，通过对现状的分析，提出了相应的优化策略。学者朱新根通过对比不同专业教育硕士的课程设置，发现其课程设置缺乏专业性和实践性，没有紧扣"实用性"的特点，弱化了对硕士研究生教学实践能力的培养，华东师范大学学者朱益明等人也从课程设置讨论入手，指出："硕士层次小学教师培养必须学习小学教师培养的其他模式或者层次的经验，并保持与这些其他小学教师培养模式与层次之间的衔接，进而探究自身培养的优势与特长。"曲阜师范大学的冯晓丽则从提高高师硕士研究生教学实践能力的必要性和可行性入手，经过调查，得出高师硕士研究生教学实践能力薄弱的现状，并从国家和社会、学校与管理者、硕士研究生自身三个角度分析原因，最后得出了相应的改进策略。上海师范大学的冷蓉在其题为《高校师范生教学实践能力现状调查研究》的论文中，从调查分析 S 大学师范生教学实践能力现状入手，得出师范生培养中课程设置不突出、教学不够丰富、学习态度不积极、教育实习问题多等结论，最后提出加强引导、提高对职业的认识、转变教学模式、改革教法、调整课程设置、加强实践技能训练以及完善教育实习环节等解决策略。

刘亚龙和薛娜针对教育硕士小学教育专业研究生的教学实践能力培养问题进行了调查研究。前者对小学教育方向教育硕士教学能力的现状进行了问卷调查和访谈调查，并对调查结果和现状中存在的问题原因进行了具体分析，最后提出针对小学教育方向教育硕士教学能力培养过程中存在问题的改进策略与建议；后者则通过调查问卷的形式，辅之以课堂观察和访谈法，整理调查材料得到"教学实践能力在教学设计、教学用语、板书书写与布局、教学设备使用、教学方法、课堂组织管理、课堂交流"等方面存在问题，并针对问题，从培养模式等四个角度进行了原因分析，从而提出优化教育硕士教学实践能力培养的策略。

综上所述，教育硕士小学教育专业研究生在教学实践能力培养中问题较多，有学校管理层的失误，有师资队伍建设的不完善，也有教学实践基地建设不到位以及教育硕士研究生自身的原因。

三、教学实践能力的应用研究

教育实践技能上的缺失与否，可以看到其教育实践能力的高低，本节旨在分析导致问题存在的原因，主要从小学教育人才培养模式、教育理论与教育实践、实践技能训练以及教育硕士生自我培养意识四个维度进行阐述，并针对存在问题，从大学、教师、学生三个方面提出了相应的改进措施。

（一）教育实践能力培养存在的主要问题及原因

1. 人才培养模式的目标定位不清晰

人才培养模式是"在特定教育理论和教育思想的指导下，根据特定的人才培养目标和规格，以合理的培养方式实施培养过程的总和"。教育部副部长周远清认为，人才培养模式实际上是人才的培养目标和培养规格，以及实现这些培养目标的方法或手段①。研究人员从培养的目标规格、方式和过程等三个角度进行了说明。

（1）忽视小学教育学科的特殊性

小学教育专业的特殊性是与其他专业、其他阶段教育专业相比所具有的特殊要求，表现在小学教育专业生的全日制特点、小学教育教学能力的

---

① 刘献君，吴洪富. 人才培养模式改革的内涵、制约与出路 [J]. 中国高等教育，2009（12）：10-13.

"全科式"要求和小学教育职责的"代替父母"关系等多个方面。当前小学教育专业人才培养模式的针对性不强，首先表现在人才培养目标定位模糊和人才培养规格缺乏特殊性。

一些高校在制定小学教育专业培养目标时，与其他专业师范生的培养目标有很大相似之处，造成了单一的培养模式。加之对小学教育对象、能力等特殊性的思考不足，培养目标定位模糊。许多高校小学教育硕士学位的培养目标是"立足于培养具有现代教育理念和较高教学研究和教学活动能力的小学教育骨干教师"或者"培养具有良好职业道德、较高理论素养、较强教育教学能力、实践研究能力及专业发展能力的优秀小学教师或教学管理人员"，这里的"较高""较强"具体达到何种程度，研究人员阅读了的各类小学教育硕士学位的高校小学教育专业培养方案，但其中具体程度不得而知。

人才培养规格是对人才进行一定培养后，能够达到知识、技能、价值观等各方面素质的综合标准。据网络调查，各高校培养标准不同，可概括为知识规格、能力规格、素质规格三种，各规格要求与其他教育硕士专业培养标准类似，没有明显的专业划分，更与其他学科教育、教育管理、教育技术教育等专业共同使用相同的培养标准，忽视小学教育专业的特殊性、实践性、专业性的特点，导致小学教育专业研究生培养规格缺乏特殊性。

（2）培养方式忽视学生的个性和差异性

近年来的扩大招生导致了小学教育专业教育硕士培养的"产业化"，弱化了对学生开展个性化培养和学生生源的差异性区分两方面的问题。

一方面，过大的班额导致教育指导受限。查阅近年教育部相关文献可知，教育部"重点支持专业学位研究生教育发展，并提出扩大其人才培养规模"①，各高校为了进一步响应相关政策，大批量地扩大招生，似有"额

① 教育部.国家发展改革委关于下达2015年全国研究生招生计划的通知.教育部发〔201〕2号2015，3.

满为止"的势头,大规模地扩招,导致了数十人甚至数百人的研究生课堂,导致一个指导教师甚至要带 8—10 名研究生,"产业化"地培养弱化了对学生个性、差异性的重视,因材施教也不得不停留在文本之上。

另一方面,扩招重量轻质,生源层次差异显著。重招生而轻生源质量,从而导致其生源的层次不一和质量欠佳,学生之间的差异性对高校在小学教育专业硕士研究生的进一步培养上产生不利影响。

"全科型"小学教师教学能力要求小学教育专业学生要具备多学科的教学能力,同时又要有自己独特的学科教学风格。然而,大规模的培养虽然增大了小学教育研究生的数量,却忽视了对学生的个性化培养,某种程度上,造成了一些毕业生空有硕士学位却无突出的教学能力的问题。

(3)缺乏对实践教学的精心组织和全程指导

弱化了对专业型研究生的实践能力培养。专业型研究生的培养,应侧重其教学实践能力,而非像学术型研究生培养那样,侧重其教育理论的研究能力。"重招生,轻培养"的现象已经屡见不鲜,首先体现在培养单位对专业硕士培养重视程度不够,更有高校"把专业学位教育放在经济利益上",重点依然放在教育学硕士生的培养上。而在校期间,学生所接受的大多是理论课程,与理论课程相连接的研究性课程不少,但与理论课相匹配的教学实践训练课的开展并不多。所以,在培养过程中,不仅存在从学术型到专业型的"简单移植",更缺乏对实践教学的精心组织和全程指导。

教育实践活动中缺乏教师全程指导。在教育见习、实习中,指导教师对学生的教学实践指导次数过少,如:在学生教学设计方面,由指导教师指导设计教案的学生仅占少数;在学生教学实践训练方面,学生在校期间每学期微格教学训练过程中的指导极少;在教育实习中,由学校安排可以承担学科教学的实习学生人数仅为半数,大部分学生的教育实习仅仅是听课、帮忙批改作业等活动,能登台讲课的机会微乎其微。每种实习形式各有优势与不足,但是比较来看,能够得到有效指导、充分实践的机会有待提高。

从培养目标规格到培养的全过程，小学教育专业研究生的培养未能有效针对小学教育的特殊性而全面开展，弱化了小学教育专业研究生培养的实践性与应用性特点，一定程度上阻碍了小学教育研究生的教学实践能力的培养。

2. 理论课程对教学实践的有效指导欠缺

教学理论对教学实践缺乏有效指导主要体现在：实践性课程专业特色不突出、课程实施中理论与实践相脱节和课程教学内容未能及时更新等三个方面，具体如下：

（1）实践性课程专业特色不突出

教育硕士生的实践性知识主要是通过实践性课程的积累，所以在实践性课程中突出小学教育的专业特色尤为重要。当前小学教育专业的实践性课程主要有微格教学、教育见习和教育实习，在这三种实践性课程中，主要存在以下两方面的问题。

一方面，小学教育的实践性与"全科型"教学能力被忽视。在微格教学中，有"小学一线教师指导"的微乎其微，低比例可以反射出高校对小学教育专业研究生进行小学教育教学培养的针对性不强。微格教学的学科基本就只有小学数学和小学语文，很少有学校对学生的小学科学、英语等其他学科进行专门的微格教学训练。导致学生不能对小学教育的综合性课程有良好的把握，未能突出其"全科型"的培养特征。

另一方面，实践性课程流于形式，弱化了教学实践能力的培养。微格教学、教育见习、实习的开展不够充分，仅是简单的有这么一个课程，而具体实施过程中没有针对小学教育专业特殊性对教育硕士生进行系统的训练。微格教学与教育见习活动每学期开展频次低，并且训练的过程"随意性"较强，导致学生只是知道有这些实践课程、知道它们有哪些环节而已，却不知道在具体的教学实践中应该如何正确应用。

（2）课程实施中理论与实践脱节

教育硕士研究生教育应侧重对其实践性、应用性和职业性的培养，从这三大特性中我们可以得知，教育硕士的教学实践能力的培养，在关注其学术性的理论知识外，更要加强其教学的实践性特征，并做到理论对实践起到积极引导作用。然而，现实情况是，校外的小学一线指导教师很少接触到学生，学生除在校学习理论知识外，也很少有机会到小学一线，将所学知识应用到教学实践中。学生在校学习的理论知识往往在小学并不适用，即"专业实践与课程联系不强"，理论知识部分讲解较多，而实践部分的讲解较少，与理论相联系的实践训练不多，导致部分学生"不惧考试，但愁讲课"。

（3）课程教学内容未能及时更新

课程教学内容未能及时更新主要体现在教学用书版本旧和教学语言使用不当两个方面。第一，教学用书版本较为陈旧。学生的教育理论知识主要源于在校修习的教育理论课程，高校课程内容的设置是拓宽学生教学知识视野的主要途径，教学用书又是帮助学生更好地学习教育理论必不可少的工具，然而，目前一些小学教育专业课程内容比较陈旧，很多教学用书版本修订时间甚至在新课程改革之前，这部分书的内容未能结合新课程改革的要求，更没有和当今教育发展态势相对接。

第二，教学语言使用不适当。一些没有及时更新知识结构的高校教师会出现"教学大纲""双基""两能"等词，这些问题主要是个别授课教师没有协调好教学内容，所授知识仍停滞在新课程改革之前。这对于即将走向教学一线的教育硕士生而言，无疑是非常严重的误导。

教学理论缺乏对教学实践的有效指导，直接导致学生在教学实践过程中不能系统地将理论与实践相结合，只是理论知识清晰，应对各种考试绰绰有余，但在具体的教学实践环节上，不知道如何运用理论去实际操作，致使培养出来的小学教育专业硕士教学实践能力明显不足，小学教育的针对性和实践性不强。

3. 教学实践技能训练开展的实效性不强

教学实践技能训练能直接培养学生的教学实践能力，学生的教学实践能力基本来自教育实践活动和教学实践技能训练。然而，很多高校在这个环节上做得不够好，具体表现为：微格教学训练次数少且未能达到预期效果，教育见习开展频率低且缺少教师的全程指导以及教育实习基地建设不够完善导致实习问题突出。

（1）微格教学训练预期效果差

微格教学是学生最先接触并能进行实际课堂模拟的重要形式，但是从现实状况来看，微格教学训练并没有达到预期的让教育硕士生有效增长教学实践能力的目的，具体表现为：微格教学开展次数少；教学过程中缺少一线教师的指导；指导教师指导不够充分；没有教学反思；课后与改进后没有再次模拟教学。微格教学并非每一位小学教育研究生都能参加，而且微格教学以高校教师指导为主，几乎没有小学一线教师指导。

学生在校的微格教学多以"走形式"的方式进行，既没有一线教师的专业指导，也没有训练后的必要的教学反思，更没有结合听评课对微格教学进行回顾，致使很多学生表示即使参加了微格教学，教学实践技能也没有多大提升。造成微格教学训练次数少且未能达到预期效果的原因有两方面：一方面，高校对教育硕士微格教学训练要求不够严格；另一方面，教育硕士生自身对微格教学训练重视程度不够。

（2）教育见习缺少教师的全程指导

教育见习是学生教学实践技能训练的又一重要形式。但从现实情况来看，教育见习开展频率过低，每学期学校组织学生参加教育见习的天数太少。在见习的过程中，并没有一线教师全程式的指导，很多环节都是靠学生自己去摸索。导致这种情况的原因主要在于高校与小学之间没有协调一致，高校并未说明学生见习的具体活动和指导要求，小学方面认为学生仅仅是过来看看，组织学生进课堂听课就可以了，所以没有对学生跟踪式地进行教育见习全过程的指导。

（3）教育实习基地建设不够完善

教育实习是将教学理论付诸教学实践的基本形式，也是学生教学实践能力培养和提升的重要途径。教育实习基地建设的完善程度制约学生是否可以参加教育"顶岗实习","顶岗实习"与否又制约着学生的教学实践能力能否得到有效提升。但从实际情况得知,多数的学生在教育实习中并没有当科任教师,且承担除数学、语文外的学科教学的更少,也就是说,即使是教育硕士生也并不是人人都有机会"顶岗实习"。目前高校的"集中实习"的方式主要是参与听课和帮助指导教师做批改作业、看管自习等事务,真正像一位老师一样到台前讲课的机会较少,一些学生在实习中得不到有效锻炼,实习积极性不高。

4. 教育硕士生自我培养意识淡薄

"师父领进门,修行在个人",学生的学习态度和教师专业发展意识对个体学习效果及自身教学实践能力的发展具有深远影响。所以,有个别重点高校毕业生依然不能顺利就业的情况。教育硕士教学实践能力的不足,不仅仅是高校培养方式方法上存在问题,与学生自身因素也有一定的关系。

(1) 重视学术研究多于教学实践训练

重视学术研究多于教学实践训练是大多数研究生会出现的问题,导致其产生的原因主要在于学生自身对实践能力培养的忽视和读研出发点不同导致的。

重研究而轻实践,重学术成果而轻能力培养。一些教育硕士生直到毕业找工作的时候才意识到自己将太多时间花在撰写和发表各类学术文章上,"忘记"去锻炼自己的教学技能,导致在教师应聘中,教学实践能力不过关而面临就业难的问题。相比教学实践能力,学术研究的成果似乎更有"立竿见影"的效果。前者是日积月累,厚积薄发,后者则是研究后发表即可看到成效,所以,学生倾向于发表学术成果,从而忽视了教学实践训练。究其原因,一方面是学生看重研究生阶段对学术研究能力的要求,忽视了教育硕士培养方案中对其实践能力的要求;另一方面,高校在评优中,学术研究成果占有较高评分比重,所以学生对学术研究成果更为重视。

读研"目的不纯"，导致消极应对教学实践技能训练。读研目的并非为了"继续学习深造"，这部分学生，有的是为了考取硕士学历，小学教育专业硕士研究生考取比较容易，所以考了小学教育专业；还有经其他专业考研调剂的，为了"刷学历"或延迟就业而读小学教育的学生，教师职业对他（她）们而言不过是未来备选的职业方向，所以教师职业认同感不强，想当然认为教学实践训练以后用不上，"为了完成任务而完成任务"，没有借助教学实践技能训练提升个人教学能力的思考，应付"了事"的心理让学生习以为常地消极对待。

（2）缺乏自主反思和创造性反思

教学反思是教师自我提升的必要途径之一，然而，目前很多即将毕业上岗的新手教师并没有养成自主反思和创造性反思的习惯，究其原因，主要在于以下两点：

教师职业认同感不强，自主教学反思意识弱。很多小学教育专业研究生并没有认识到自己所研修的小学教育专业的重要性，更没有认识到自己未来到小学任教对小学教育的重要影响，甚至没有小学教育教学实践能力培养的自我意识，因而不重视教学实践，也就忽视了实践后的教学反思。但是，并不是说没有反思意识，而是在老师不要求的情况下，自主进行教学反思的意识弱。

教学反思方式较为简单，创新性不强。绝大多数学生有反思意识，也能按老师的要求采取多种方式进行反思，但出于自我提升为目的的教学反思少，更缺少区别于传统方式的反思。学生基本没有在教学实践后以记笔记和查找资料等相结合的形式，对教学实践中的问题加以分析，甚至进一步探究而形成一些研究成果；也很少有学生将反思结果有意识地在以后的教学实践中应用，并将得到的反馈进一步进行教学反思；而采用其他更富有创新性的方法进行教学实践反思的学生就更少了。

综上所述，教育硕士生教学实践能力培养中的主要问题有以下四个方面：第一，小学教育专业人才培养模式针对性不强。具体表现为：培养目标弱化了小学教育专业的特殊性；培养方式忽视了学生的个性和差异性；培养全过程中监管不到位。二是理论缺乏对教学实践的有效指导。具体表现为：实践性课程专业特色不突出；课程实施中监管不到位；课程教学内容未及时更新等。三是教育实践技能训练开展实效性不强。具体表现为：微格教学训练次数少，达不到预期效果；教学实习开展频率低；教师全程指导不足；教学实习基地建设不到位；实习问题突出。四是教育硕士生自我培养意识淡薄，表现在硕士生重视学术研究，缺乏教学实践训练和教学实践反思的自主性和创新性两个方面。

（二）教学实践能力培养的改进策略

作为"准小学教师"的教育硕士生，要在教育理论知识比较扎实、教育实践能力存在问题的前提下，积极提高个人教育实践能力。要切实解决教学技能和教学能力培养中的问题，需要高校、教师、学生三方共同努力。

1. 构建专门针对小学教育专业性的人才培养模式

要切实解决小学教育专业人才培养模式针对性不强的问题，首先需要确立以培养教育实践能力为主的培养目标。其次，减少课堂人数，实现学生个性化培养，最后加强教学实践能力培养过程中的监管力度，具体实施如下：

（1）设定以教育实践能力培养为主的培养目标

小学教育专业教育硕士培养具有现代教育观念、具有较高教育理论素养和教育实践能力的小学教育管理干部和小学骨干教师。小学教育专业研究生，在教育理论素养较好的前提下，更注重加强其教育实践能力的培养，建立以教育实践能力培养为主的培养目标，突出小学教育的实践性，使小学教育专业教育硕士适应性更强，使之成为实践能力强的小学骨干教师或管理干部。

（2）注重个性培养

扩大招生的一个弊端是"产业化""批量式"的培养，人数多的教育，忽视了小学教育硕士研究生的差异化、个性化培养。适当裁减课堂人数，使指导教师能够有针对性地进行指导，既能按照学生的个性优势进行指导，又能在一定程度上减轻教师的教学压力。个性化培养可以根据学生对不同类型知识的学习兴趣来区分，综合培养下的研究型或应用型可根据学生对不同学科的认知度进行区分，在"全科型"培养下，偏重于小学数学方向、小学语文方向、小学科学方向等。

（3）加强教学实践能力培养过程中的监管

教学实践能力的培养主要通过开展教学实习来实现。目前，部分高校在学生教育活动中，不能及时进行监督控制，学生实践活动参与度下降。加强对教育实践能力培养过程的监管力度，不仅要体现在学生实践出勤上，更要体现在学生参与实践的类型和参与度上。全过程是指对学生教学实践的方方面面进行指导，不仅涉及教学基本功方面的基础教学实践能力，还涉及教学设计、课堂教学、班级组织和管理的发展性教学实践活动，进而涉及学生的讲课、听评课，还应涉及现代教育学技术和教育反思等实践过程的指导。

2. 注重教学理论与教学实践的相互协调

"检验真理的唯一标准是实践"，提高教学实践能力的最好方法是通过实践锻炼，把理论知识作为实践知识加以运用，真正运用才能真正提高教学实践能力。具体要在课程设置中突出小学教育的专业特色，关注课程实施中教学理论与教学实践活动之间的密切联系，课程内容的选择要注重适应小学教育的发展。

（1）课程设置需要突出小学教育的专业特色

小学教育具有不同于其他层次教育的全民性、强制性和全面性特征，小学课程又以综合课程为主，因此小学教师的能力必须具有不同于其他层次教师的"全科型""全能型"特征。小学教育专业是在小学教师教育的基础上进一步设立的，它具有明显的全科型、综合性和富有实践特征的职业导向性。因此，在设置小学教育专业的课程时，必然要考虑小学教育专业的特殊性。但是，受教育硕士研究生培养年限的制约，研究生阶段不可能把小学教育专业本科阶段的所有专业知识课程再修习一遍，如果将课程配置更多地联系小学教育专业的特色，密切小学教育教学最好不过，如：可以适当缩减公共基础课，增添针对小学教育的专业类的选修课程，如：小学生心理学、小学班级管理、小学生行为矫正、板书板画设计、小学名师名题（分学科分配）和小学生舞蹈等一系列的课程，使学生未就业先清楚小学教育教学和组织管理的基本内容，为未来的小学教育教学做好铺垫。

（2）教学理论要密切联系教学实践活动

增添具有小学教育特色课程的同时，也需要教学实践活动的配合。在实践教学训练中，可以聘请小学一线教师做指导老师，这样既可以增加小学教育硕士生对小学教育的深入理解，又可以给学生体会小学生与小学教育之间、小学教师与小学教学之间的联系，为增加职业认同感创设条件，也帮助教育硕士生更好地将教学理论与教学实践相联系。教学理论密切联系教学实践活动，设置"理论—实践—理论"学习模式，即做到一堂理论配合一堂实践，教学实践后再经过教学反思反馈到理论之中，其中理论课可以由校内导师负责，实践课可以由一线教师指导，将教学理论与教学实践有机地结合起来，促进教育硕士生的教学实践能力顺利提升。

（3）课程内容的选择注重与小学教育发展相联系

课程内容要去"繁、难、偏、旧"与"过于注重书本知识"的弊端，这不仅是新课程标准的目标要求，更是义务教育教学的实际需要。因此，小学教育专业的专业课程内容，要注重与小学教育教学、基础教育发展密切联系，使课程内容与小学生生活以及现代社会科学发展相适应，与此同时，还要关注小学生的生活经验，及时更新课程内容，即使在没有相匹配的教材的情况下，也要合理筛选适合小学教育发展的课程内容用来对小学教育专业研究生进行教学指导。

分别在课程设置、课程实施和课程内容三个大方面关注小学教育专业理论课程与实践课程的密切联系，有效协调教育理论与教学实践，让教育教学理论知识在实际的教学实践中得以应用，切实为提高学生实践教学技能、培养良好的教学实践能力做好工作。

3. 建立健全教学实践能力培养体系

教学实践能力的部分缺失与高校教学实践能力培养体系的不完善有一定关系。建立健全的教学实践能力培养体系，不仅体现在学生在校的课程配置上，还要体现在各项教学实践活动的参与情况上。应对教学实践技能训练开展不充分的问题，提出调整实践技能训练课程开展频率，聘请一线名师做教学指导；加强教学实践基地建设，让学生有更多机会深入小学一线课堂；提高对教学实践能力培养的重视，积极开展相关技能研讨和比赛等三方面的对策。

（1）调整实践技能训练课程开展频率，聘请一线名师做教学指导

针对微格教学和教育见习开展次数少、频率低的情况，要适度调整实践技能课程开展的频率。微格教学以每月至少两次，而教育见习以每周至少一天这样安排比较好。

为克服微格教学训练次数少且未能达到预期效果的问题，首先要让学生有足够的微格教室使用，同时微格教室的教学设备配置要与一线小学的相对接，甚至要有比一线小学更先进的教学设备；其次，微格教学前后，要求学生书写详细的教学设计，课后要做系统的教学反思，在反思后要有进一步的反馈，并再次进行微格教学；最后，微格教学的全过程，要有经验丰富的一线名师指导。

与微格教学相同，教育见习在调整理论课程与实践课程匹配授课的其他时间，允许学生以小组为单位到见习学校观摩和学习。课堂观摩强调组队观摩，保障课堂观摩能延续到课后的组内交流和评析，不断发展硕士生对课堂教学现象及问题的感知、分析乃至解决的能力。在见习期

间，每组学生有一位小学名师管理，每名学生配有一位一线教师全程指导，这里的全程指的是见习生的备课、听课、评课等环节的全过程。这样可以让学生更深入地认识小学教师的教学工作，有利于学生教学实践能力的提升。

（2）加强教学实践基地建设，让学生有更多机会深入小学一线课堂

要提高教育硕士的实践创新能力，还应进一步加强教育实践基地的建设。培养单位应积极探寻合适的基础教育学校，建立长久的合作机制。在校期间，积极利用附属小学，灵活利用教育实习时间。学生有课的时候，在校跟随校内导师上教育理论课程，没有课的时候，到校外跟随校外小学一线指导教师深入教学实践。这样就可以高效利用教学实践基地，让学生有更多的机会深入小学一线，定期还可以深入课堂学习班主任工作经验和班级组织与管理。

实习学期，以"实习支教"代替普通实习。教育硕士生有扎实的教育理论基础，较强的教学实践能力，完全可以胜任"实习支教生"一职。"实习支教生"是师范生在实习期间，既参与"实习"活动，同时又承担"支教"任务的一种"顶岗实习"的过程。"顶岗实习"目的在于让学生以小学教师的身份参与到小学一线教学之中，切身体会小学教育教学与管理，能够亲身将教育理论与教育实践有机结合。"实习支教"的目的在于让学生在实习期间承担一定的教学任务和责任，同时利用自身的知识能力去"帮助"缺少师资的学校，培养其教师责任感与使命感。

调整培养方案，处长学制。在可能的条件下，可以延长专业学位研究生的学制。如将现有的2年制延长至2.5年，多出来的半年是为学生深入小学一线，跟随实践指导教师学习教学实践的时间。这样做的好处是让小学教育学生有更多的时间去了解小学教育，有更多的机会去实践教学理论，提升教学实践能力。

（3）提高对教学实践能力培养的重视，积极开展相关技能研讨和比赛

通过各项教学实践技能的研讨和比赛，提高高校和教育硕士生对教学实践能力的重视。从 2015 年开始，全国教育专业学位研究生教育指导委员会（以下简称教指委）开始主办全日制教育硕士小学教育专业的教学技能大赛，15 年 10 月末，在杭州师范大学成功举办了首届全国全日制教育硕士小学教育专业教学技能大赛，全国近 30 所高校 87 名教育硕士参与了比赛，通过初赛的教学设计和决赛的模拟讲课与答辩环节，36 名选手获奖并得到了教指委和所在院校的褒奖。教指委秘书长张斌贤教授在决赛闭幕式上表示，更期待下一届大赛能办得更好。这说明，教育界对小学教育专业研究生的教学实践能力的重视程度不断提高。

各高校也应积极响应，开展相关教学技能的研讨和竞赛。如参加全国大赛前，先进行校内选拔赛，让所有教育硕士生都能参与到教学实践技能比赛中来。赛后请参加全国决赛的学生和大家一起分享参赛心得，交流教学经验等。通过这些活动的开展，学生对小学教育教学实践能力会有更多的关注和认识，明确教学实践能力对于小学教育专业研究生的重要意义，同时也让学生有更多的机会参与到教学实践训练中。

4. 提高教育硕士生对专业及未来职业发展的认识

切实提高小学教育专业教育硕士生教学实践能力，教育硕士生自身也要提高对小学教育专业和小学教育职业发展的认识，加强明辨性思维训练，提高对教学实践能力培养的自我意识，同时明确自我择业竞争优势、劣势，积极提升个人教学实践能力，为未来的工作和学习做好准备。

（1）加强明辨性思维训练，提高对教学实践能力培养的自我意识

明辨性思维（Critical Thinking）是通过一定标准评价思维，进而改善思维的一种反思性、批判性思维。海外高校十分重视训练学生的明辨性思维，明辨性思维也成了海外高校硕士生入学前的必修课之一。

在教育教学实践环节中，增加学生明辨性思维训练。基于当前部分教

育硕士生对积极提高自身教学实践能力培养意识淡薄的现状，增加学生明辨性思维训练，让学生在"理论—实践—反思—理论—实践—反思"的循环反复过程中，体会教学理论和教学实践之间的密切联系，深化教育理论与教学实践的交互性运用，进一步内化教学实践能力对于自身未来教师专业发展的重要意义。

在明辨性思维训练过程中，提高教学实践能力培养意识。经过理论、实践与反思三者循环反复的训练，教育硕士生逐渐去除自我中心的思维方式，明确自身教学实践能力优势与弊端，按照社会需要、教师专业发展需要去"打造"自己，在这个过程中逐步提高教学实践能力培养的自我意识和创新思维。

（2）明确择业竞争优势，积极提升个人教学实践能力

提升知识素养和教学实践能力。某学者说过，在择业竞争中，"学历没有竞争性"，为了"获得更高学历"而读研的学生幡然醒悟，不觉开始反思：我的择业竞争优势是什么？明确了自己毕业后面临就业，就业要有与同行人竞争的优势才能顺利工作，从而意识到我们除了学历以外，最应该提升的就是知识素养和教学实践能力。

开展研讨会，帮助学生明确就业形势。教师可以以座谈会的形式和学生讨论自己面对的就业压力，明确自己的择业竞争优势，以此启发引导学生去思考自己的优势和不足，及时醒悟，积极投入到提升个人教学实践能力的活动中来。但教育硕士生需明确，我们的研究生指导教师（简称导师）并不仅是我们的"传道授业解惑者"，他（她）更是我们学习工作的"促进者"。当导师帮我们明确了就业形势后，我们要深刻反省自身就业优劣势，及时做出调整，不断充实和完善自己。

第三章
本科小学教育专业学生说课技能研究

    教师的职业技能与能力始终是高师教育中十分重要的一个环节。说课是在教学改革过程中产生的一种新的创举。同时，它是提升师资水平的一种行之有效的方法；也是一种对师资队伍进行全面考察的方法；是一种促进课堂教学改革的有效手段；还是一种教师必备的基本技能。新时期小学教育专业的师范生，要充分发挥学校对他们的培训作用，在说课中提高他们的专业素质，还要不断提高教学能力。高校教师技能类专业课程的设置、本科阶段的说课技能培训基础、师资配比、教学环境及资源条件等，再加上老师的积极进取的创造力、各级教育行政领导的大力支持、理论指导和舆论的重视，都是促进说课技能培训持续改善和发展的重要动力来源。

一、说课技能的相关概述

    说课作为一种"特有"的教育教学训练方式和教学研究方式，是教师资格考试、教师选拔考试、教学研讨和各类竞赛中使用频率最高的一种教师技巧。本节主要对说课技能展开论述，具体包括小学教育专业本科生说课技能的相关概念界定以及研究意义。

（一）相关概念界定

1. 说课

说课是教师进行教学改革，提高教学质量的一种方式。传统的说课指的是老师对某一特定主题的教学构想以及它的理论依据进行口头表达，即授课老师根据备课的情况，向同行或教研人员介绍自己的教学设计，再由听众评论，以达成相互交流、共同进步的一种教学研究和师资培训活动。但是，在说课的实际操作中，这一定义却并不完整。本章所称的"说课"，指的是教师就一个观点、一个问题或一个特定的主题，用言语表达自己的教学构想和理论基础。也就是详细说明如何教授，以及教授的原因。"说"是指教师对"说"的认识、把握，提升"讲"的能力，是指"说"与"讲"相结合的一种方法。

实践表明，说课活动能够有效地促使老师们参与到教学改革中来，使他们可以从实践中学习，提升自己的教育理论水平，促进他们对课堂教学进行深入研究。此外，说课活动还能激发老师们对教学实践的思考，并及时发现问题、解决问题，从而提高他们的教育实践能力。

2. 说课技能

说课技能是指教师在提出一个观点、一个问题或一个主题时，所应具有的一种表达方式。它要求教师在提出问题和主题时，要有良好的语言表达能力，同时要有清晰的逻辑分析能力，以及丰富的知识储备和深刻的洞察力，这样有助于教学研究工作的有效开展。此外，教师说课技能的提升将会促进教学研究工作的有效开展，可以更好地提高教师教学水平和备课质量。而且，说课通常不受场地、时间的约束，具有很强的灵活性，可以在一定程度上帮助教师更好地理解学生、提高课堂效率。此外，说课也能够促进教师自身发展和学习新技能。

（二）研究意义

1. 现实意义

本章是关于小学教育本科生说课技能发展与培养的研究。目前的研究有助于为发展和提高小学教育专业本科生说课能力指明方向，提高对说课能力在教学中的重要性的认识，并不断发展说课能力，从而提高教学技能、教学效果和学生的学习质量。通过对小学教育专业本科生说课技能的深入研究，可以发现问题，分析原因，探索对策，提高小学教育专业本科生说课技能和其他教学技能的教学效果和质量，从而真正提高教师的培养质量。

2. 理论意义

本章对小学教育中本科生的说课能力发展进行了研究，同时拓宽了技能培养研究的广度。从微观层面上来看，进行说课技能深入研究有助于教学能力的不断培养。从宏观层面上来说，能够深化小学教育本科生说课能力的理论研究，有助于教师说课能力的不断培养。与此同时，也为小学教育专业的本科生说课能力的教学实践提供合理的理论支持和与方法指导。本章在建立系统理论的基础上，旨在更好地指导今后小学教育本科生转变为一线教师的教学实践。

二、说课技能的研究述评

（一）国外相关研究

随着新科技的发展，20 世纪中期以来，全球出现了一场新的教育变革，这场变革引发了对教师素质结构和师范教育的重新思考。美国教育协会于 1948 年所制定的专业指标体系，认为教师专业化的努力应包括一系列特定的知识与技能、长期的职业训练和持续的在职学习①。

微格教学法是美国斯坦福大学的教育系在 1963 年首先提出的，目的是为了培养师范学生和在职老师的教学技巧，微格教学法是美国 CBTE 和 PBTE 两种教学法的结果②。微格教学以控制课堂人数、设置课程、组织集体教学等为特色，以降低学员的精神压力为前提，对老师进行专业素质与技术的培养。同时，学员的注意力可以更多地放在自己的动作上，也便于不断地重复。微格教学按照"培养目标确立-理论学习-实习示范-实践操作-反馈-再教-评估"的流程进行。微格教学在理论与实践相结合的基础上，给出了一套可具体描述、可示范、可供师范生训练、可定量评价的教学技能模式③。

在《关于教师地位的建议》中，国际劳工组织和联合国教科文组织都将教育工作作为一种特殊的专业来对待。这就需要教师接受严谨且持续的培训与学习，使他们在专业上有较深、较高的造诣。基于此，许多国家都对教师职业能力培养进行了理论与现实的探讨。

1983 年，"高质量教育委员会"发表了《国家在危急中：教育改革势在必行》。霍姆斯小组在 1986 年发表的《明天的教师》提出了教师进行职业培训应包含五项内容，即着重于进行职业培训时应具备的专门知识与基本技巧④。

卡内基工作小组 1986 年发表的《国家为培养 21 世纪的教师做准备》提出创立全国教师专业标准委员会，建议鼓励师范生充分运用教学的研究成果和优秀教师所积累的知识，提高他们的教学能力，并养成他们对自己的教学实践进行不断反思的习惯，从而为他们的专业的持续发展奠定坚实

① 范丹红. 教师专业技能训练与教育实习 [M]. 北京：北京师范大学出版社，2013：4、86-89.
② 王燕飞. 美国"能力本位"教师教育运动研究 [D]. 山东师范大学，2013.
③ 叶发钦. 新教师技能 [M]. 北京：北京师范大学出版社，2009：35-37、142-143.
④ 刘芳，李颖. 教师专业化发展的理论与实践 [M]. 北京：光明日报出版社，2010：22-24、3、126.

的基础①。

英国自上个世纪九十年代就开始对师范学生进行"完整型"的教育，并为其制定了相应的师资培训计划。如把中小学校作为师范毕业生的岗前培养基地、增加师范毕业生的实习课时、重视师资培养等。"完整型"的涵义是指：教师具有良好的人格品质、高超的教学技巧、极强的自我学习能力②。

美国提出"五者型"的教师培养目标，要求教师具备教育教学的技能和技巧，懂得如何教才有成效。为此，要对师范生的教学技能进行分门别类的训练，并强调以实践作为基础，让学生掌握必备的技能③。

近年来，许多国家都制定了相应的法律，以保证教师的素质。师范生要有较高的学历，并通过考试、试用，取得相应的教师资格，拿到证书后才能上岗。诸如：英国的《教师合格证书》、美国的《教师认可证》、日本的《教师资格许可证》、澳大利亚的《教师资格评审证》等，都很明确地规定了对教师资格的要求。

当前，随着时代的发展，各国对教师的素质要求也在不断地提高。美国最近在教改的大讨论中，提出要提高新师资的素质，确保新师资的素质，以满足"为21世纪而教育美国人"的需要。瑞典制定的《新教师任命制度》，决定改革教师的任命等级，提高教师任命标准，规定教师不但要精通专业知识，还要谙熟教育理论，具备指导学生的能力，并规定每4年对中小学教师进行一次评定，评定内容包括知识与能力、工作量与工作态度、在职进修与自我学习等。评定后，对优秀者予以奖励和晋级，对不称职者，予以免职或调离工作。

尽管在国外还没有"说课"这个教育性术语，但在国际上，无论是微格教学还是其他的师范生培训方式，都是从理论和实际两方面来进行有关

---

① 刘芳，李颖．教师专业化发展的理论与实践［M］．北京：光明日报出版社，2010：22-24、3、126.
② 叶发钦．新教师技能［M］．北京：北京师范大学出版社，2009：35-37、142-143.
③ 叶发钦．新教师技能［M］．北京：北京师范大学出版社，2009：35-37、142-143.

的师资培训。在新的时代背景下，教师的职业素养已从单纯的理论性水平向实践性等方面发展。

（二）国内关于说课技能培养的相关研究

1. 关于说课理论基础的相关研究

我国非常重视教师职业的专业技能训练。1991 年，国家教委印发的《关于开展小学教师继续教育的意见》强调了教师职业技能训练的重要性。在 1992 年和 1994 年原国家教委印发的文件中提出要对高等师范学校学生切实加强教师职业技能训练，印发了《高等师范学校学生的教师职业技能训练大纲（试行）》《高等师范学校学生的教师职业技能训练基本要求》。在总结多年实践经验的基础上，于 1995 年 9 月印发了《关于开展小学教师基本功训练的意见》，明确指出教学基本功是教师从事教育教学工作必须具备的职业技能，要求各地结合实际，切实搞好教师基本功的训练工作，并且由原国家教委编写了教师职业及其训练使用的系列教材①。

但是，说课作为一种具有较高的实践性、易操作性、使用范围较广的教学技巧，早在 80 年代就有了很大的发展。说课的发展大致可划分为三个时期：1988 年下半年至 1991 年上半年是说课发展的初期；从 1992 年至 2010 年，是说课发展的理论深化期；从 2010 年至今是说课理论与形式纵深发展期。说课是为新课改、促进教学科研的垂直发展而服务的。近年来，说课在教学观念、教学方式等方面取得了新的突破。作为一种教学改革的结果，说课，在众多教育工作者的不断探索中，取得了良好的教育效果，既有利于提升教学质量，又有利于提升教师的业务水平，还有利于推进教育改革向纵深发展②。

---

① 李森 . 教师职业技能训练教程 [M]. 北京：高等教育出版社，2009：前言、243-244.
② 李兴良，马爱玲 . 教学智慧的生成与表达——说课原理与方法 [M]. 北京：教育科学出版社，2006：1-7、19-24.

在关于说课的著作方面，相继有 2006 年李兴良、马爱玲主编的《教学智慧的生成与表达——说课原理与方法》；2007 年郑金洲的《说课的变革》；2008 年方贤忠编著的《如何说课》；2009 年赵国忠主编的《说课最需要什么》；叶发钦编著的《新教师技能》；2010 年刘彦昆编著的《教师如何提高说课艺术》；刘芳、李颖主编的《教师专业化发展的理论与实践》；2013 年方忠贤主编的《教师专业发展的 4 项基本技能——备课、说课、观课、评课》；谢安平编著的《说课实战训练教程》；范丹红主编的《教师专业技能训练与教育实习》；2014 年胡惠闵、王建军主编的《教师专业发展》等，它们对说课的方式与观念都有了进一步的发展与阐释。

数十年来，说课从最初的提出、发展与深化，到如今的普及与不断创新，在教育教学与教师培养等方面发挥着举足轻重的作用。它是一种综合了教师多种能力与素质的教学方法，再加上它的实用性、可操作性与实效性，因此，说课技能的培养对师范生的专业成长具有有举足轻重的作用。

2. 关于说课内容的相关研究

在讲课的内容上，学者们有着各自不同的观点，研究者主要综述了与说课有关的专著与杂志，包括刘显国的《说课艺术》；李兴良、马爱玲的《教学智慧的生成与表达——说课原理与方法》；郑金洲的《说课的变革》；蒋鹤生、计惠民的《教师说课的意义及主要内容》；李森的《教师职业技能训练教程》；叶发钦的《新教师技能》；刘芳、李颖的《教师专业化发展的理论与实践》；方贤忠的《教师专业发展的 4 项基本技能——备课、说课、观课、评课》；范丹红的《教师专业技能训练与教育实习》等。总结各位专家和学者对说课应该说的内容的理解和分类，可以总结出如下的表格：

说课内容的统计结果

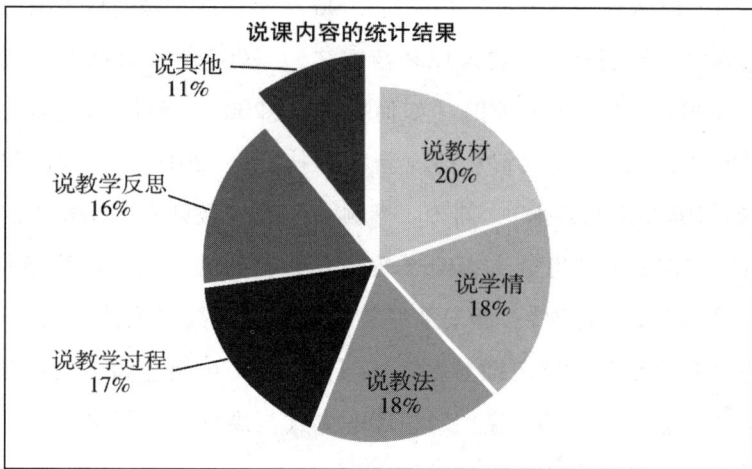

图 3-1　各专著期刊对说课内容的相关研究统计

从图 3-1 的统计结果中，我们可以发现，虽然学者们对于说课应该说的内容有着不同的看法，但重复最多、比重最多的基本都是说教材、说学情、说教法、说教学过程、说教学反思，除此之外，还包含了一些其他的内容。对于一名老师来说，说课并不只是一次十几分钟的表演，它还是一次对老师所做的整个准备工作进行的总结和提炼，它对老师的基本功、教学设计等关键环节都有很高的要求。

说课实训包含以下几个环节：说课概念及说课目的、说课的流程、说课的注意事项、说课稿的撰写与修改（重复进行）、说课教学光碟观摩、说课及点评（重复进行）①。

3. 关于说课意义的相关研究

从理论上看，刘显国教授的《说课艺术》一书提出了"说课的含义"，即它是对教师专业能力的一种检验，它是促进教师专业能力发展的一种有效手段，也是对教师职业能力进行评价和评价的一种方式，同时也是一种促进教师职业能力发展的有效手段②。李兴良、马爱玲在《教

---

① 殷如意. 基于专业认证对小学教育数学方向师范生说课能力发展的思考 [J]. 教育现代化，2019，6 (79)：131-133+140.

② 刘显国. 说课艺术 [M]. 北京：中国林业出版社，2000：4-5.

学智慧的生成与表达——说课原理与方法》中强调，说课是一种全新的教学研究领域，有利于提高教师综合素质，丰富现行的科研训练体系，是当前教育改革和发展的必然要求，是教育改革发展的需要①。刘芳、李颖在《教师专业化发展的理论与实践》中认为说课具有检查、评价、培训和研究的功能②。方贤忠在《教师专业发展的 4 项基本技能——备课、说课、观课、评课》中认为，说课对于培养师资，提升教学管理者、教研人员的素质，全面评估、促进教师自身的成长和发展具有重要意义③。

从实践上看，郑金洲《说课的变革》一文中提出，说课的目标是提高教师的教学能力，通过说课，可以让老师们找到自己所面临的种种问题，从而找到自己想要的答案，这是一种以说课为核心的"说"④。李森在《教师职业技能训练教程》中认为，说课实践的价值与意义在于：它可以促使教师进行自我反省、深化对课程的认识、充实自己的专业知识、提升自己的专业水平、改进自己的专业技术、完善自己的教学管理和评价体系、建立自己的"互相协作、互相进步"的协作文化、持续地改进自己的教学设计和教学计划等⑤。赵成喜在《说课的技巧与艺术》中认为，说课能够优化课堂教学，提高教学质量，提高教师素质，加强教师继续教育等实践意义⑥。叶发钦在《新教师技能》中认为，说课是理论与实践的结合点，有利于提高教师的自身素质，能够有效促进教学研究活动的开展，提高教学质量⑦。范丹红在《教师专业技能训练与教育实习》中认为，说课能够促进教学新的反思，推动课堂创新，有利于检验总结，推动教学交流，提高

① 李兴良，马爱玲．教学智慧的生成与表达——说课原理与方法［M］．北京：教育科学出版社，2006：1-7、19-24．

② 刘芳，李颖．教师专业化发展的理论与实践［M］．北京：光明日报出版社，2010：22-24、3、126．

③ 方忠贤．教师专业发展的 4 项基本技能——备课、说课、观课、评课［M］．上海：华东师范大学出版社，2013：78-79．

④ 郑金洲．说课的变革［M］．北京：教育科学出版社，2007：21-64．

⑤ 李森．教师职业技能训练教程［M］．北京：高等教育出版社，2009：前言、243-244．

⑥ 赵成喜．说课的技巧与艺术［M］．长春：东北师范大学出版社，2010：12-15．

⑦ 叶发钦．新教师技能［M］．北京：北京师范大学出版社，2009：35-37、142-143．

教师素质，实现专业成长①。

从现有的数据来看，我们国家对于说课技巧的培养多是在高师学校，而对于高师学生来说，讲授技巧的培养更具现实性和必要性。说课是进行教育改革的一种客观需求，也是提高教师自身素质的一种主要方式。在构建一个具体的说课体系时，要将说课的理论与现实紧密地联系起来，将说课的理论与现实紧密地联系在一起，制订出一套可以确保教育效果得到充分发挥，并提高师范生的教学能力的可行方案。

4. 关于高校小学教育专业本科生说课技能培养的相关研究

高质量的小学教育一定要有高素质的小学教师，因此，建立一支高水平、高能力、高素质的小学教育师资队伍，是全面推动素质教育的根本。改善小学教育教师的培训机制，提高小学教育师资的职前培训水平，这是社会发展与进步的必然产物，也是教育与现代社会发展相适应的一种积极的选择。

（1）各大高校小学教育专业本科生的培养目标

中国初级师范本科学历教育经历了十余年的发展，目前已有七十余所高等院校。以下是三所大学关于初等教育专业的大学生培养方案：

例1：小学教育专业主要培养德、智、体、美、劳全面发展，适应21世纪社会经济发展和社会主义现代化建设需要，基础扎实、知识面宽、能力强、素质高的初等教育领域的复合型、适用型小学教育专业人才。学生毕业后，从事小学教育、教学、科研、管理等工作②。

例2：小学教育专业培养目标：全面贯彻党的教育方针，引导和促进学生成为有见识、有能力、有责任感的自主学习者，培养忠诚教育事业，具有现代教育理念，深厚教育理论素养，宽广

---

① 范丹红. 教师专业技能训练与教育实习［M］. 北京：北京师范大学出版社，2013：4、86-89.

② 转引自X大学教务处. X大学学分制培养方案（2011级起执行·适用型）.

的教育视野，较强的教育、教学、科研、管理能力和创新精神的适应 21 世纪需要的高素质、专业化小学教师①。

例 3：本专业培养德、智、体、美、劳全面发展，热爱小学教育事业，具有现代教育理念、自主发展的意识和能力、良好的教师职业道德素养、扎实的学科知识和较强的教育教学能力，能在小学从事教育、教学和管理工作的应用型人才②。

以上三所高校对小学教育专业人才的培养目标虽在表述上各不相同，但实质上是异曲同工，都包含对小学教育师范生教师专业技能的培养要求。说课技能作为教师整体素质和能力的体现，是教学、教研必备技能，是小学教育专业本科生重点培养技能。

（2）各大高校的说课技能培养各有侧重

目前的小学教育专业人才最常见的培养模式为"2111"模式，即可担任小学语文、数学 2 门主课的教学，兼顾 1 门其它课程，指导 1 门活动课程，专长 1 门课的教学。对说课技能的培养某种程度体现在课程设置及学时、学分分配上。下面列举三所高校小学教育专业本科生培养的课程结构及学分分布表：

表 3-1　X 大学课程设置及学时、学分分配表③

课程类别	计划学时	讲授学时	实验（践）学时	学分数	占总学分比例%
通识必修课	827	425	402	41	25.625
通识选修课	68	68		4	2.5

① 转引自：东北师范大学教育学部本科课程计划，小学教育专业课程计划，详见网址：http：//www.nenu.edu.cn/266/list.htm.

② 转引大连大学 2014 级本科培养方案，详见网址：http：//jwc.dlu.edu.cn/Article/ShowClass.asp？ClassID=29.

③ 转引自 X 大学教务处. X 大学学分制培养方案（2011 级起执行·适用型）.

续表

课程类别	计划学时	讲授学时	实验（践）学时	学分数	占总学分比例%
专业必修课	880	812	68	52	32.5
专业限定选修课	251	251		15	9.38
师范类通识必选课	85	85		6	3.75
专业任选课	272	272		16	10
单独开设的实验课程	102		102	6	3.75
单独开设的实践环节				18	11.25
创新能力				2	1.25
合计	2485	1913	572	160	100

表 3-2　东北师范大学课程设置及学分、学位分配表①

课程设置及修读类型		课内教学	
		学分	学分比例（%）
通识教育课程	通识教育课程必修课	39	26.20
	通识教育课程选修课	10	6.71
专业教育课程	专业教育基础课程	26	17.45
	专业教育主干课程	35	23.50
	专业教育系列课程	35	23.50
毕业论文	必修	4	2.64
合计		149	100

---

① 转引自：东北师范大学教育学部本科课程计划，小学教育专业课程计划，详见网址：ht-tp：//www.nenu.edu.cn/266/list.htm.

— 46 —

表 3-3　大连大学课程设置及学时、学分分配表①

课程设置及修读类型		课内教学（含课内实践）		实践教学（占总学分%）	创新教育
		学分	学分比例（%）		
通识教育课程	公共基础类课程	35.5	26.1	1. 课内实践教学 320 学时，10 学分；2. 集中进行的实践教学 46 周，33 学分；3. 实践环节占总学分的 25.4%。	4学分
	综合素质类课程	10.5	7.7		
基础课程	大类基础课程	2	1.5		
	专业基础课程	45	33.1		
专业课程	专业核心课程	23	16.9		
	专业方向课程	8	5.9		
	专业课程	12	8.8		
合　计		136	100		

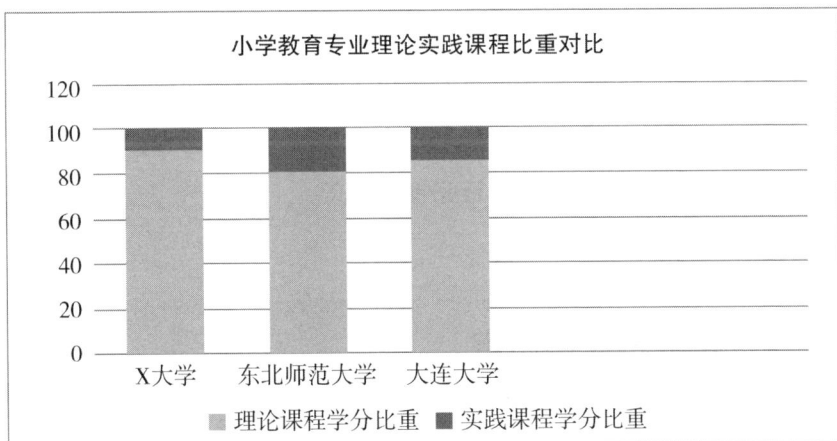

图 3-2　三所学校小学教育专业专业理论课程和实践课程比重对比

根据表 3-1、表 3-2、表 3-3 的三个数据，我们得到了三所学校初等

①　转引自大连大学 2014 级本科培养方案，详见网址：http：//jwc. dlu. edu. cn/Article/Show-Class. asp？ClassID＝29.

教育专业理论课与实训课所占比例的图表。虽然说课技能没有在课程体系和学分分配中有明文规定，但却被列入了专业必修课和实践教学的培养计划。通过上面的对比，我们可以发现，在各个学校中，小学教育专业的必修课和实践课程在总学分中所占的比例都很小，而说课技能是一种更注重实践训练的教学技能，但是在理论与实践课程的比例中却没有得到充分的体现，这就说明了，在大学阶段，学校并没有充分地重视师范生的教师技能实践训练。

根据上面的描述，本科层次的小学教育专业被定位为培养具有现代教育理念，并且可以胜任小学教育教学及科研工作的教育工作者专业。十余年来，我们在初等教育领域获得了许多具有建构性和开创性的结果，但也暴露出来一些问题，如教师的教学技巧和能力不够强，课程设置不平衡等。教师的职业素养之基础，其职业素养之核心在于教师的职业素养与教学实践素养。

在大学中，对于说课技能这一被广泛应用的教师基本技能的培养方面，针对小学教育专业本科生开设的有关课程仅占了总课程的十分之二，而实践课程和教育见习、实习并没有发挥出教育实效，从而推动了说课技能的培养，但也没有设置说课技能培养专职教师和专门课程，因此，在小学教育师范生中，还需要对其进行完善和提高。

三、说课技能的应用研究

本节主要阐述小学教育本科生说课技能存在的问题、存在问题的原因分析以及针对当前小学教育专业本科生说课技能存在的问题，提出具体的说课技能培养策略。说课技能的应用研究具体如下：

（一）小学教育本科生说课技能存在的问题

当前，小学教育专业本科生存在对说课技能认识不足、重视不够。没有配备技能培养专职教师。没有支持说课技能实践训练的条件。说课理论课时数远超过说课实践训练课时数。中师阶段说课技能培养基础及结果差异较大等问题。具体如下：

1. 小教本科生对说课技能认识不足、重视不够

对说课技能的认识和重视程度会直接影响学生对这一教师技能的掌握和运用。经过调查，部分大学的小学教育专业本科生中有许多大学生没有参加过有关说课技能的专门培训。从主观角度来说，有部分学生认为说课技能在理论或是实践角度没有实际意义。许多学生对于具体的说课的各部分内容也缺乏一定的重视。尤其是说课内容中的教学反思，绝大多数同学认为在说教学反思时应该反思教学环节，他们认为教学环节是一节课的主线，应该是反思教学中的重点。由此可见，小学教育专业的本科生对说课技能的理论和实践意义的认识和重视程度是不够的，还有待提高，对说课技能在教师职业中的地位和作用同样也缺乏深层次的理解。

2. 小教本科生没有配备说课技能培养专职教师

教育大计，教师是最根本的影响因素。因此，对培养优秀小学教师的教师也有着更高的要求。通过查阅相关资料和调查可得知，一般高校中小学教育专业的本科生所在学院都有教授、副教授、讲师等。而小学教育专业本科生的任课教师中，一般来说，本科阶段教师的学历和职称都普遍高于中师阶段的教师，但他们的水平和层次还有待提高。例如，教师整体知识水平和教学能力参差不齐、校内授课教师没有开设教师技能专业实践课程、校外教师教学任务不明确等。因此，本研究认为，小学教育本科生的授课教师的整体水平和教学能力至少应达到不应该限制小学教育本科生发展的程度，就目前来说，很多高校并没有给小学教育专业本科生配备说课技能培养的专职教师。

3. 小教本科生没有支持说课技能实践训练的条件

根据对部分大学的小学教育本科生培养情况的分析，许多学校有可支持说课技能学习和培训的条件，这些条件包括了专门的说课技能教材，以及多功能教室、校内授课教师、校外指导教师及学校的文化环境和氛围等。此外，这些学校还会提供一定的资金投入，以支持说课技能学习和培训。但是，通过调查发现，只有五分之一左右的大学生表示，在说课技能培养中，有专门的教材。也有一些学生表示，在说课技能培养中，有专门的多功能教室，而且还会被频繁地使用。在大学阶段，大学的文化环境比较好，具有良好的学术氛围。此外，还有一些学生表示，没有校内、校外专业课指导教师。但是，大部分学校的教学环境和资源条件都不利于小学教育专业本科生的说课技能的培养。

4. 说课理论课时数远超过说课实践训练课时数

调查结果显示，大部分小学教育专业大学生在二、三年级的专业理论课中都会开设与教师专业技能有关的课程，但却没有对学生进行特殊技能的特殊训练，更没有对学生进行特殊技能训练的特殊教材。在教学实践中，这极大地制约了学生的说课能力和其他老师的职业能力的提高。此外，由于缺乏对学生进行特殊技能训练和进行特殊技能训练的教材，也没有提供必要的帮助，导致教师在教学实践中无法有效地提高学生的教学水平和职业能力。

5. 中师阶段说课技能培养基础及结果差异较大

据调查，大多数大学中小学教育专业两个年级的本科生中有绝大多数都是通过中等师范学校获得中专学历，然后考入本科学校的。这些人中，只有极少数人觉得中等师范院校讲授技巧的训练对他们的大学学业有帮助。从这一点可以看出，大学生说课能力的培养，是建立在中等师范教育的基础上的，但是由于受到社会环境和文化背景等因素的影响，大学毕业生继续教育并没有得到有效的帮助。

（二）小学教育本科生说课技能存在问题成因分析

本节对小学教育本科生说课技能出现的问题进行原因分析，主要从本科生对说课技能不了解或接触不够、师资不足或教师不具备说课培训精力、学校对教学环境资源条件投资力度小、小教本科生课程设置有待调整及优化、中师阶段说课技能的培养计划需落实五个方面进行分析。

1. 本科生对说课技能不了解或接触不够

不管是在中师阶段，还是在本科学习阶段，都没有接受过对教师说课技能的专业培训。虽然很多大学生都表示开设过说课理论课程，但是很少有学生有机会参加专业的说课比赛。很多学生都写过说课稿，但是没有参加过说课比赛，也有很少一部分的学生，他们都没有写过说课稿，也没有参加过说课比赛。要使学生真正地获得所需要的知识与技能，只有在教学中才能获得。尽管大多数学生都上过说课技能理论课，但也有一些学生没有接受过说课技能的实践训练，这说明他们缺乏理论知识的积累，也就无法将说课技能理论和实践相结合，从而导致说课技能理论课程与实践课程分离。

2. 师资不足或教师不具备说课培训精力

通过调查发现，在小学教育专业本科阶段，小学教育专业的教师在学历、职称上都要比中师的教师要高，但在本科阶段却没有专门的说课技能培养教师，教师所传授的都是普通的教师技能，每项技能最多只需要一个课时，没有对说课技能或某一其他教师专业技能做更详细、更深刻的分析，也没有为学生提供特殊的培训平台和机会。

3. 学校对教学环境资源条件投资力度小

教育环境是一座包含了各种因素的大熔炉，既有政治、经济、社会文化等因素，又有家庭教育、学校教育、社会教育等因素，它们共同构成了一个完整的教育环境。根据调查统计，可以支持说课技能的学习和培训的内容包括：专门的说课技能教材、多功能教室、校内授课教师、校外指导教师、学校的文化环境和氛围等。然而，只有极少数的学生提出，在说课技能的培养中，缺乏专门的教材和多功能教室，以及技能实践和训练的机会，他们没有校内、校外专业课指导教师，也没有足够的资源来满足他们学习所需。

没有专门教材和多功能教室、没有校内外专门指导教师，也没有专业技能实践训练平台，学生反馈的这些问题暴露出了学校在教学环境和资源条件上对小学教育本科生说课技能培养的诸多制约。

4. 小教本科生课程设置有待调整及优化

调查研究结果表明，在大学二、三年级的专业理论课程中，小学教育专业的大学生都会开设与教师专业技能有关的课程，而对特殊技能的特殊训练却没有，训练特殊技能的特殊教材也很少。目前，在专业实践性教学中，仅有微格教学和教育实习两种形式，微格教学的频率较低，教育实习的时长较少，这就极大地制约了学生的说课能力和其他教师专业能力的提高。由此可见，当前，小学教育专业本科生课程设置有待调整和优化。

5. 中师阶段说课技能的培养计划需落实

中等师范院校是专门培养小学师资的中学，其首要任务是要培养出具有社会主义觉悟、辩证唯物主义世界观、共产主义道德品质，并具有从事小学教学所必需的文化和专业知识和技能、热爱孩子、全身心地投入到社会主义教育事业之中，并且具有良好的身体和心理素质的小学教师。学生的学习时间通常是3到4年。但是，很多大学里相关专业的老师们，都是在中等师范的基础上，拿到了中专的学位，之后考上了本科，他们当中有半数的人表示，在中师阶段，他们并没有进行过特殊的讲课技能的培训，但是在中师阶段，与老师的教学技能相关的培训，对他们在大学期间的持续学习起到了很大的帮助作用。可以看出，在中师阶段的学习和培训，是大学期间的一种准备，它应当被更好地开发和利用。可见，中师阶段说课技能的培养计划需要进一步落实。

（三）小学教育本科生的说课技能培养对策

理论为实践服务，小学教育专业本科生说课技能的提高也离不开理论与实际的结合。本节根据小学教育专业本科生说课技能存在的问题，提出合理化的培养策略。具体的培养对策如下：

1. 目标"三位一体"，强调说课培养实践效果

（1）学校：明确培养目标，达到"说"的要求

高校要培养出优秀的小学教师，首先要做的就是确定和落实小学教育师范生的培养目标。只有明确了培养目的，培训方案的制定才能有章可循。在确定初等教育学专业学生说课能力的培养目标时，要注意三个方面的问题：

第一，重视师范生说课技能培养。把说课能力当作教师的专业基础能力，并把它作为一项重要的课程来进行培训，把它摆到一个战略的位置上来。要加强对小学教育专业说课技能的培养与执行，学校可以通过增加说课技能培训课程、配备说课技能培养专职教师、增设说课专用多媒体教室、举办说课技能竞赛等多种途径，给学生们提供更多的锻炼机会，使他们能够更好地掌握教师的技能，为他们将来成为一名出色的小学教师奠定坚实的基础。

第二，制定说课技能培养目标。为了确定小学教育专业师范生说课能力的培养目标，大学需要对其学科特征有深刻的认识，把握其培养的特征与规律，为构建小学教育专业的大学生说课能力的培养模型奠定一定的理论依据与实践依据。大学的培养计划及实施方案既要科学化，又要全面、公开，对师生的教育、教学起到有效的引导作用。比如，本章中提到的几所大学的人才培养计划，均是从其官方网站上检索而来，并向社会公布。

第三，明确说课技能培养具体要求。培育目标是大方向，而培育条件则是细化到了细节。初等教育专业的目标是：德、智、体、美全面发展，

具有扎实的基础、宽广的知识、强的能力、高的综合素质，以满足当前的社会和经济发展的需求。在这一目标的指引下，大学可以根据自身的实际情况，自行制订相应的教学方法。比如，某校小学教育专业师范生说课技能评价表（见下表3-4），这张评价表不仅可以对学校检验教学成果，还可以帮助教师建立评价指标，还可以对师范生进行说课技能的训练有一定的指导意义。

表3-4　师范生说课技能评价表

评价项目	评价标准	得分		
		A	B	C
说教材 （分值18）	教学内容与课标、计划进度相符	3	2	1
	教学目标明确、具体、准确	3	2	1
	教学重难点准确、适当	3	2	1
	教学内容的选择符合学生认知水平	3	2	1
	学生起点能力分析	3	2	1
	教材渗透德育因素自然、有效	3	2	1
说教法 （分值18）	教法选择、运用合理、实用	4	3	2
	合理选用教具	4	3	2
	教学组织恰当、注意学生主体地位	4	3	2
	保护帮助措施有安排	3	2	1
	选用教法理论依据合理明确	3	2	1
说学法 （分值15）	教学设计中有学法内容	4	3	2
	明确培养学生能力与习惯要求	4	3	2
	学法与教法相互配合	3	2	1
	选用学法理论依据清楚	4	3	2
说教学程序 （分值24）	思路清楚、层次清晰、结构严谨	4	3	2
	教学活动安排适当、重难点突出	4	3	2
	组织与讲练时间安排合理	4	3	2
	教学过程明显	4	3	2
	关注学生学习主体地位	4	3	2
	教学目标达成率符合教学实际	4	3	2

评价项目	评价标准	得分		
		A	B	C
说场地设计 （分值8）	合理利用，开发资源 注意安全因素	4 4	3 3	2 2
说课语言 （分值8）	普通话 简练准确、逻辑性强	3 5	2 4	1 3
说教学媒体 （分值6）	合理使用多媒体辅助教学、有利于教学重难点的突破、具有实效性	6	5	4
说课体态 （分值3）	自然大方，体态语言有感染力	3	2	1
最后得分	评课人			

（2）教师：落实教学目标，指导"说"的训练

教学目标是教学实施的"指挥棒"，必须贯彻到整个教育和教学过程中去。自古以来，孔子就认为，老师应该引导学生，在学生们学习讲课技巧的时候，老师们应该起到"指挥棒"的作用。教师应充分发挥"引"和"导"的作用：

首先，"引"出教学目标。教师要以学校的培养目标和学科特点为基础，来制定教学目标，对在说课技能的培养过程中，中学生应该在"说教材、说教法、说法学、说教学程序、说教学反思"各部分，都应该达到怎样的标准。此外，还提出了知识与技能、过程与方法、情感态度与价值观的具体教学目标，以此来指导师范生对说课技能的培训，让学生的说课训练有一个明确的方向。

其次，指"导"实际训练。以理论为依据，以明确的目的为前提，教师应当高效地对说课技能进行培训，并对学生进行系统的说课技能指导，尽量做到"一对一、手把手"的效果，使每一位师范生都可以拥有扎实的说课技能。

（3）学生：掌握学习目标，具备"说"的能力

近年来，随着基础教育的不断发展，小学老师的素质也有了很大的提升，老师们在教学中既要把握好知识的传授与能力的发展之间的联系，又要重视学生的自主性，指导学生进行自主学习、合作学习、探究学习，把学生的创造力和动手能力作为重点。新的教育观念，对小学教师提出了更高的要求，对其进行了更多的关注，并对其进行了改进。在对说课技能进行培养的过程中，要吸引他们的注意力，要让他们对说课技能的培养标准有一个清晰的认识，并对自己要实现的学习目标进行针对性的选择和调整，将其运用到对说课技能的学习和训练中去。其次，校方与老师要为学生提供更多的说课技巧练习的机会，并以此为指导，指导学生进行说课练习。教学中的说课教学，要从内到外两方面入手，要使学生"练"与老师"导"相互融合。

2. 内外"师生互动"，培养和增加说课施教者

（1）校内：培养说课专职教师，促进以优代优

教学过程是一个双边互动的过程，小学教育是国民教育的基础，小学教师的培养是师范教育的重点，只有指导教师学历层次高、专业能力强，才能带出水平高、能力强的一线准教师。某大学小学教育专业校内授课和指导教师的整体水平和专业化程度有待提高，建议可以从以下几点入手：

第一，严格选任途径，净化晋升制度。很多高校的教师都是被直接留校聘用的，不是优胜劣汰选拔出来的，这样就容易造成重学历轻能力的局面。高校在聘用、任免和晋升环节都应该保持公正公开，按照教师教学和科研能力组织教育教学，这样才能确保高校授课教师的质量以及教学的质量。

第二，加强培训学习，促进终身发展。培养"教师"的教师也需要进行不断的专门的培训和学习。高校应开设专项教师教学技能课程，对每项课程进行专职教师培训，例如开设说课技能这门课程，在教学前对教师进行说课技能专职培训，真正做到教师专于一门教学技能，以优带优，让教

学更具有针对性和实效性。

第三，鼓励科研探究，提升说课水平。高校教师不仅要搞好教学，还要注重科研，不断创新。说课技能不仅是教学内容，也是教研的内容，教师应该不断深化和钻研说课技能，创新说课技能培养方法，促进高校师范生培养新水平。

（2）校外：增加骨干特级互动，发挥名师效应

小学教育专业本科生的校外导师，大部分都是在一线教学的教师，他们的教学水平和教学经验都有限，因此，学校应该与小学特级、骨干优秀教师进行强有力的合作，为小学教育本科生提供更多深入一线进行教学、训练教师专业技能的机会和平台，从而建立起一种能够对小学教师进行专业培训和对小学教师进行指导的联合机制，从而为将来的优秀小学教师提供一条安全的道路。

在这一点上，东北师范大学就是一个很好的例子，它将"小学名师讲堂"的专业必修课程设置在小学教育专业的培养计划中，使其充分地发挥出"名师讲堂"的作用，提高了师范生与骨干、特级教师之间的交流，提高了他们的学习动力。各高校可以借鉴东北师范大学的做法，在教学中设置"教师指导说课技能"，从而提高对学生说课技能的培养效果。

3. 投资"积少成多"，专设教室整合资源

（1）环境：开设说课专用多功能教室

教师的说课技能在教师资格考试、教师招聘以及各种比赛中都有广泛应用，可以看出，它是小学教师的必备技能。有专门的或固定的多功能教室，这样可以便利学生在已经掌握了说课理论基础的前提下，及时地对其进行实践训练。这不但有利于加强师范生对说课技能的掌握，也加强了师范生对说课技能的理论学习。学校应该在适当的时候加大对学生的投入，建立专门或固定的多功能教室，在强化学生对说课技能的理论研究的同时，更多地为大学生提供一个实践训练的平台。此外，还应提高微格教学的频率，对多媒体的使用权限进行开放，还可以通过模拟说课比赛或招聘

会等方式，来对师范生说课技能的培养进行巩固和强化。

（2）资源：整合利用多种资源，提供说课硬件支持

不同的教育资源所产生的教育效果都不尽相同。通过对各类教学资源的合理运用，能够培养出具有扎实专业知识、较强教师技能、较高专业素养、较强研究意识和能力的优秀小学教师。为达到培养"德智体美劳"全面发展，符合当前社会和经济发展的要求，具有扎实的基础、宽广的知识、高素质的复合型初等教育人才的目的，学校和教师，包括师范生，都应充分发挥自己的优势，努力提高师范生的说课能力。比如，学校可以增加使用多媒体教室和微格教室的次数，还可以鼓励老师开发说课技能培养教材和方案，还可以聘请说课比赛评委或有说课经验的老师来授课等。

4. 课程"双管齐下"，调整课程结构，加设说课课程

（1）结构：调整优化课程设置，理论实践并重

培养合格的教师，必须通过教学实践来实现。在小学教育本科生的课程设置中，教师专业技能课程和实践课程所占的比例很低，每个学期只有一门教师技能类课程或实践课程，并且不是专门的教师技能课程。因此，学校应该对小学教育本科生的课程进行合理的调整，增加实践课程的比例，要将理论与实践结合起来，只有理论，却没有经过培训，就不可能培养出一名拥有较高的教师专业能力的小学教师。

高校的专业设置不应该只限于学校内部，而应该向学校外部进行延伸。小教专业本科学生在每个学期进行一次微格教学，尽管可以进行得很好，但次数过少，对提高其说课能力没有帮助；每学期都会有一周的实习，不过实习的时候，每个人都会被分到一个随机的班级，在这一周的时间里，别说是在第一线上上课了，甚至想对学生的知识和学习能力有一个全面的认识也不可能。学校应当将校外的见习与校内的理论课程进行相应的衔接，实现校内与校外的双管齐下，并对培养模式进行适当的调整，可以安排实习学校进行一人对一班的培训，加强学生的能力和技能的形成。

（2）课程：增设说课课程，注重实践能力培训

增设说课技能培训课程，注重小学教育本科生说课技能的实践能力，

并不是"蜻蜓点水""浅尝辄止",而是真正做到"得心应手"。建议学校增设教师专项技能培养实践课程,侧重于学生的训练和实战,加强师范生对教师基本技能的掌握和应用。在这一方面,东北师范大学就是一个很好的范例,在其小学教育专业课程计划中,开设了小学教师语言技能、小学教师书画技能等专项教师基本技能的课程,这些基本技能是支撑小学教师教育教学的根本,而专门专项的课程更是有利于师范生基本技能的掌握。

5. 培养层次"相得益彰",中师奠基,本科提升

(1)中师阶段:奠基说课培养基础

小学教师的培养层次越来越高,从中师到本科,一步一步地提高。目前,尽管还不能完全达到本科层次对小学教师进行培训的目的,但在中师的基础上,大学生的学习与培训能够得到更好的发展。在中等师范教育阶段,所开设的与教育专业有关的课程,如教育学、心理学等,需要对教材的研究、对学情的分析、对教学方法的选择和运用,这些都是教师说课能力的重要组成部分,可以为大学生的说课能力的培养打下坚实的基础。这就需要对中师教育实施"师资培训",重视学生的全面发展,为师范生进一步的学习奠定基础。

(2)本科阶段:提高说课技能水平

小学教师的培养层次应该是递进、合作的关系,因为它们都是要培养出优秀的小学教师。本科阶段接受的教育都是中师阶段的提升和强化,在中师基础上培养会有更好的教学效果,更能够进一步提高师范生说课以及其他教师基本技能的水平。本科层次学校在培养师范生说课技能时,首先,可以依据中师层次开设的课程、教授的内容,进行系统的、进一步的培养,提高说课技能培养水平;其次,在中师层次培养基础上,开设新的说课技能培养模式,使其更加专业化。

职后篇

第一章
导入技能研究

　　课堂导入是课堂的开始，也是课堂教学活动的主要环节。古希腊哲学家曾说："好的开始是成功的一半。"一个好的课堂介绍可以为学生创造轻松愉快的学习氛围，集中注意力，激发学习动机，组织和引导学生建立知识联系，及时进入话题。课堂导入技能的掌握是教师教学技能成长中的重要一环，为了全面提高全国中小学教师的业务素养和整体水平，全国中小学教师委员会发布了《课堂教学技能竞赛实施方案》，其中包括对教师课堂教学技能知识获取和技能引入实践的调查。该计划旨在通过竞赛提高教师的课堂教学技能，激发全体教师对课堂介绍技能培训的积极性，进一步提高课堂教学质量。

一、导入技能的相关概述

　　掌握良好课堂导入技能的教师可以参考课堂介绍的步骤，循序渐进地进行教学活动，可以指导和帮助学生的学习活动，培养学生的自主创新精神和独立思考能力。引言是课堂教学的重要环节之一，整个课堂的发展方向和脉络与课堂引言的实施效果密切相关。

（一）导入技能的相关概念界定

1. 课堂导入

课堂导入是指教师在课堂教学准备进入主题之前进行的教育教学活动。引言中的"指导"是指教师激励学生积极思考，激发学生探索和求知的欲望，让学生积极接受教师的指导，自觉参与教育和学习活动。"输入"是指通过教师对语言的介绍，学生意识到要学习的知识内容，从而诱导学生对学习新的教学内容产生兴趣，产生强烈的学习动机并积极参与教学活动，从而形成师生共同参与教学活动的良好课堂氛围。

2. 课堂导入技能

在《汉语词典》中，"技能"一词的定义是"技术能力"，指的是完成某项任务的活动或心理活动方式。教学技能是指教师运用已经掌握的教学理论知识，通过实践形成的复杂而稳定的教学行为体系①。课堂导入技能，是指教师在课堂教学开始前的课堂导入环节，这种教学行为方法，使学生能够集中注意力，激发学习动机，组织和引导学生与知识建立联系，并及时进入主题，引导学生积极参与课堂教学活动。

3. 小学语文课堂导入技能

小学语文课堂介绍技巧是指教师在义务教育阶段，有目的地运用自己掌握的学科教学方法，设计出各种具有学科和专业特色的介绍方法，组织引导学生，激发学生学习动力，提高其集中注意力的能力。或者说，根据语言学科的特点和小学生的心理特点，在开展教育教学活动之前，建立知识之间的联系，及时进入主题，使学生积极融入教学活动②。

---

① 韦玲玲. 浅谈英语教学法中学课程辅导 [J]. 教学研究，2012（1）：21-22.
② 梅亚平. 小学数学新课导入的问题及其对策 [D]. 鲁东大学，2014：3, 2.

（二）导入技能研究的理论基础

1. 首因效应理论

心理学家洛钦斯（a. s. lochins）首先提出了第一因果理论，即个体在认知过程中通过"第一印象"首先输入的信息对对象认知的影响和作用[①]。依据注意机制原理来解释，即人们最初接收到的信息，在没有任何干扰因素的情况下受到的关注越多，信息的处理就相对越精细。人们获得的信息越容易受到各种因素的干扰，对信息的处理也越粗糙。

从心理学的角度来看，课堂介绍对学生来说也是一种"先因效应"，具有强烈而持久的影响，是一种一旦产生效果就很难改变的心态[②]。教师如果能在课堂教学开始时就运用课堂导入给学生留下深刻的印象，那么学生会自动进入课本知识，走近课堂，快速理解和识别要学习的内容。一位学者曾说："一堂课的介绍就像一长串数字，往往是人们记忆力深沉的前几个数字。要吸引人们对一部剧的关注，第一步是把它开好头。求职者在申请面试时，给评委留下的第一印象往往是最深刻的。因此，当教师实施课堂介绍时，如何开始就变得非常重要。"

2. 最近发展区理论

维果茨基（Lev Semenovich Vygotsky）关于最近发展区的理论指出："教育在儿童的发展中起着主导和促进作用。"在教师开始教学之前，他们必须首先确定儿童的两个发展水平：一个是儿童已经达到的水平；另一种是孩子通过自己的不懈努力或在他人的帮助下获得的发展，从而达到比当前水平更高的发展水平，而这两个水平之间的距离就是孩子的"最近的发展区"[③]。根据这一理论成果，教师在教学过程中要密切了解和关注学生现有知识和认知水平，掌握学生现有的发展水平，精心设计适合学生良好发

---

① 秦守磊. 新班主任巧用"三效应"[J]. 中国科教创新导刊，2014（3）：228-229.
② 刘春艳. 高中化学课堂导入有效性研究［D］. 上海：华东师范大学，2011.17.
③ 湖南省教育厅组织编写中学教育心理学［M］长沙：湖南人民教育出版社，2006：24-25.

展的教育教学计划，合理安排教育教学任务。

教师应在把握学生现有发展水平的前提下设计课堂介绍，所选内容应尽可能贴近学生现有的知识背景、认知兴趣和认知水平，不得空洞、抽象、晦涩。教师在选择课堂介绍材料时，难易程度应考虑学生现有的知识水平和知识发展需求，不仅要在学生可接受的范围内提高学生的自我效能感，还要让学生在原有的基础上有所提高，获得最近的发展区域。教师帮助学生从过去的学习，过渡到新的学习任务，这激发了学生进一步探索知识的动机和愿望。

3. 情境教学理论

李吉林的情景教学是一种"发展性教学"。她以"爱"为经度，以"语境"为纬度，创造和运用了一系列生动具体的生活情境，将学生的真实生活与学科教学相结合。她为学生的学习活动积极参与和发展开辟了现实的道路。她认为"情境教学的核心是激发学生的情绪，因此教师有必要在教学过程中有目的地引入或创造具有一定情感色彩的生动、具体的场景，帮助学生理解课程，引起学生的态度体验，使学生的心理机制得到充分发展。"①

课堂介绍采用情景教学法，主要采用充满情感色彩的介绍，或创设特定场景，激发学生的情感体验。学生就像置身于知识的语境中，从而将学生带入知识的学习中。让学生在特定情境中感知知识，对教学内容有更深入的理解，从而产生积极探索知识的内在动力。教师应注意创造符合学生认知和发展规律、满足学生兴趣和需求的情境，创造有利于学生积极学习的教育教学环境，保护学生的求知欲和探索欲，为课题教学铺平道路，以便顺利进行新课程的教学。

---

① 李吉林等. 李吉林与情境教育 [M]. 济南：山东教育出版社，2000. 23.

二、导入技能的研究述评

（一）关于导入技能研究的追溯

美国教学研究专家海特（Jonathan Haidt）是世界上第一位研究课堂入门技巧的学者。1951 年，海特的《教学艺术》一书标志着艺术教学作为一门独立的学科，被提上了教育和教学研究的议事日程。海特强调，教学是一门教育艺术，不是一门科学。他认为，因为教学是人与人之间的相互沟通和影响，这种沟通和影响更多的是受到情感、兴趣、需求、价值观等因素或过程的影响，这些因素或过程是科学无法控制的。如果用科学来表达它们，结果会使它们被压抑，无法自然地表达出来①。在课堂教育教学实践中，课堂导入技能能够有效地运用兴趣、情感、需要和价值等因素来体现教学艺术的魅力。

教师课堂导入技能的理论研究在中国起步较晚。20 世纪以来，我国有许多教学著作将介绍作为一种教学方法和教学技巧来研究，但总体来说相对滞后。直到上世纪 90 年代，大量关于介绍技巧的学术成果涌现，研究人员要么以论文的形式，要么以作品中的章节的形式将结果呈现给学术界。

傅建明教授在 1995 年主编的《课堂教学基本技能培训》一书中，最早将导入作为一种教育教学技能来研究，书中将导入的技能和训练分为四节来叙述。他强调"课程指导的方法和技能训练，激发兴趣，集中注意力，培养情绪，引领引擎"②。

魏志成在 1996 年出版的《论汉语教学设计》一书中认为，引言的功能具有"接受关注、激情和启发"的功能③。湖北省中小学教师继续教育

① 王萍，毕华林. 要重视化学教学中的导入［J］. 当代教育科学，2003（20）：59-60.
② 傅建明. 课堂教学基本技能训练［M］. 杭州：杭州大学出版社，1995.175.
③ 韦志成. 语文教学设计论［M］. 广西：广西教育出版社，1996.95-96.

中心于 1999 年组织编写了《课堂教学技能训练》，该书把导入技能纳入课堂教学的施教技能，还指出，技能的引入由四个部分组成：注意力、动机、联系和组织指导。2000 年，大陆出版了刘显国的《中小学教学艺术丛书》，这套教学艺术丛书是新课程背景下教师的必读之作，书中有专门介绍"课堂介绍艺术"的章节。

近十年来，国内专家学者对课堂介绍的作用、方法、类型、原则和理论依据进行了研究。李冲峰 2007 年编纂的《教学技能应用指南》一书，介绍了运用教学技能时应注意的五个问题。它们是："不要为了介绍而介绍，不要太长时间介绍，不要忽视学生的心理，不要远离教学主题，不要让老师扮演独角戏。"① 卫建国和张海珠 2008 年编著的《课堂教学技能理论与实践》一书，介绍了引进技能的目的、作用、方法和类型，以及引进技能的实践方法，并重点介绍了教师教学技能的发展。周小蓬 2013 年出版的专业技能培训书《语文课堂教学技能培训课程（第二版）》紧跟课堂教学实际，将语文课堂教学中最基本的十项教学技能作为教材的基本培训内容，突出了对引进技能培训的专业研究。

（二）关于导入技能内涵的研究

教学技巧是指"教师运用自己掌握的教学理论知识，通过实践形成的稳定而复杂的教学行为体系"②。课堂导入技能是教师在课堂伊始，引导学生进入到学习状态的一种教学方式。大多数中外学者和教育专家都对课堂介绍的概念和内涵进行了研究。

自 20 世纪 90 年代以来，国外各种教育教学理论蓬勃发展，对引入问题的相关研究也越来越多，但属威利斯（willis）、理查德. 艾伦（RichardI. Arends）、罗伯特. 施莱文（Robert . SlaVin）等人的成就最大。

---

① 李冲锋 . 教学技能应用指导 ［M］. 上海：华东师范大学出版社，2007：23-24.
② 戚颖 . 浅谈初中语文课堂教学技能的运用 ［J］. 宿州教育学院学报，2011（5）：118-120.

威利斯的观点是，"你可以把一个普通的教室想象成一个基于任务的教室，其中基于任务的教室的划分可以分为三个部分，即任务之前、任务中和任务之后。因此，在课堂开始时，教师在 3-5 分钟内完成课程实施前的准备任务，即课堂介绍属于任务前部分，是正式课堂教学开始时为全班教学任务实施阶段做准备的前身"①。

理查德·艾伦于 1998 年对课堂介绍进行了研究，得出结论："课堂介绍在激发学生学习欲望和激发学生学习兴趣方面都很重要。一节课的课堂结构在开始时非常严格，课程的开始在课堂教学中具有至关重要的价值。影响着学生的学习效果，好的开始能够大大增加学生对后续知识的学习兴趣。"②

美国教育心理学家罗伯特·施莱文在 2004 年进一步强调，"在课堂教学中，如果教师希望学生在轻松愉快的氛围中进入课堂，就必须努力激发他们的好奇心和求知欲"③。

经过多年的深入研究，刘振山先生得出结论："在一项新的教学内容或教学活动开始时，教师引导学生进入学习状态的行为就是输入。"刘振山指出："课堂介绍教学是取得有效教学效果的关键，因此在教学中，教师必须熟练掌握基本的教学技能，创新介绍的形式，也可以将介绍发展成为一门教学艺术。"④

王宝大在 2001 年出版的《导入技能结束技能》一书中，对导入内涵的界定与蔡伟、纪勇在 2012 年合著的《语文案例教学论》一书中的定义类似，他们共同指出："导入是课堂教学的引领环节，教师在解释新知识或教学活动之前，系统地、有意识地引导学生进入新学习的教学方法。"⑤

① willis, J. A. Frameworkfortask-basedLearning［M］. Harlow：AddisonWesleyLongmanlimited，1996.

② Arends, RLearningtoTeaeh（TheFourthEdition）［M］. NewYork：TheMeGraw-Hill comPanies，1998.

③ 刘佳. 高中英语课堂教学的导入艺术探究［D］. 武汉：华中师范大学，2004.

④ 刘振山. 教研手册［M］. 北京：华夏出版社，2003.

⑤ 王宝大. 导入技能结束技能［M］. 北京：人民教育出版社，2001.

《新课程课堂教学计划研究》一书对课堂介绍内涵的定义更全面，该书认为课堂介绍是"教师在课堂开始时向学生介绍新知识，并利用教学媒介引导学生快速进入新课程的学习状态"①。

（三）关于导入的功能和作用的研究

苏霍姆林斯基（B·A·Cyxomjnhcknn）认为："在课堂上能够激发学生学习动机的第一个源泉和火花是好的入门。"语文学科是一门充满感性的学科，它需要师生共同投入到课堂之中，才能够得到良好的教学效果。课堂导入的重要作用就在于连接生活和语文的桥梁，教师可以由一首动听的歌曲、一张绚丽的图片和一个精彩的故事等，激发学生的学习动机，激发学生的求知欲，使学生保持探索语言知识的动力源泉。

1963 年，斯坦福大学的艾伦（Allan）教授等人提到了在自己独创的微格教学方法中引入技能的功能，即"唤起学习兴趣，激发学习动机，集中学生注意力，帮助学生进入学习情境，为新的知识教学做准备，使学生明确学习目标"②。

特耐（Turney）等人在 20 世纪 70 年代的《悉尼微观技能》一书中指出，"引言具有吸引注意力、激发学习动机、构建教学目标、明确学习任务以及建立知识之间联系的功能"。他们认为，"介绍可以吸引学生的注意力，帮助学生建立学习目标，让学生进入良好的心理准备阶段"。在新的教学内容开始时，教师可以引导学生集中注意力，进行有意义的学习。特耐（Turney）等人强调了引入在课程教学中的重要性③。

教育心理学研究表明，教师课堂介绍的第一个功能是控制学生的非智力因素，让学生专注于学习。二是调节学生的认知系统，帮助他们有效地

① 孙文波. 新课程课堂教学设计研究 [M]. 杭州：浙江大学出版社，2006.
② 郭静. 高中语文课堂导入教学研究 [D]. 河南大学，2011. 2.
③ 李花. 课堂教学导入之故事导入探析 [J]. 延边教育学院学报，2013（1）：70-72.

检索和提取存储的信息①。

除了上述例子之外，其他学者和专家也使用了大量的书籍和文章来解释课堂介绍的作用：唤起学生的学习动机、保持记忆、复习旧知识、调节学生的学习情绪、激发学生的学习兴趣、发展学生的智力。

（四）关于导入的方法和特点的研究

罗杰·高尔（Roger Gower）和史蒂夫·沃尔特斯（Steve Walters）在1980年代的研究表明，教师可以在教学过程中使用多种方法进行介绍。例如，"将课堂教学活动社会化，意味着教师可以通过日常生活中熟悉的话题来激发学生的兴趣，与学生进行自由对话，实现相互理解。通过故事、新闻事件等进行课程，让他们在轻松愉快的氛围中建立友好的关系并传播他们的思想。或者，他们可以以简洁明了的方式吸引他们的注意力，并以介绍的方式引导学生，了解他们将要学习的新内容，以便顺利开展课堂介绍活动"②。

西方学者的相关研究强调，在新课程教学开始时，教师必须采取多种方法来吸引学生的好奇心，激发学生的求知欲和探索欲，使受教育者迅速进入良好的学习状态，课堂介绍才能产生自然的教学效果。

2010年，郭芬云《课的导入与结束策略》一书，主要阐述了三个方面：类的引入的基本原则、不同类类型的引入策略、引入策略的多角度分析。在本书中，笔者重点介绍了入门类、新教学类、实践类和复习类，这是四种不同类型的课程，需要不同的入门策略。他认为："教师在选择课堂介绍策略时，首先要考虑学生的生活经历；其次，考虑教学内容的规定和需求；最后，考虑教师的个人素质和审美兴趣。"③

① 高方玉. 小学数学课堂导入研究［D］. 东北师范大学，2013：3.
② 邓娟娟. 新课程背景下的高中化学课堂教学导入研究［D］. 华中师范大学，2013：5.
③ 郭芬云，课的导入与结束策略［M］. 北京师范大学出版社，2010. 35.

许多专家学者已经基本论证了课堂介绍的新颖性、简短性、简洁性、快速性、准确性和流畅性等特点。王瑜霞在《如何培养中专生的英语学习兴趣》一书中强调："入门技巧是通过一些教学方法，将教学内容的含义与学生的学习目标联系起来，并加以强调，以引起学生的兴趣和注意力，是一个很好的介绍的特点。"① 课堂导入的过程须短小，忌冗长，一节课的开始就是导入环节，它是课堂教学的重要引子。如果介绍部分所花费的时间过长，不仅会影响介绍本身的效果，还会影响课堂教学的过程。

（五）以"导入"为相关主题公开发表的研究成果

作者通过万方、中国知网等网络平台，以"课堂导入"、"课堂教学导入"、《课堂介绍技巧》、"课堂教学导入技巧"等关键词，搜索 2004 年至 2022 年期间发表的优秀论文和期刊，从中可以得出，在过去的十年里，关于"导入"等方面的研究大多以期刊为主，学术论文仍然很少。此外，很少有论文和期刊将导入作为一种技能来讨论。还可发现，我国课堂介绍技能研究的主力军是中小学教师群体。一线教师在课堂介绍的研究中具有良好的实践优势，他们能够紧密联系各学科课堂介绍的实际教学情况，能够从自己的教学经验中总结出一些实用、易于操作的课堂介绍方法和技巧②。这些实践性高的研究成果的实用性很高，非常值得大家去学习和借鉴，也可为进一步的导入研究提供重要参考。

通过上述基础研究，发现从国外到国内对课堂介绍技能的研究相对较少。通过查阅相关资料发现，多数学者对课堂介绍的特点、功能、原理、方法等理论进行了研究，重点强调了课堂介绍在课堂教学中的重要作用。但是，在分析课堂介绍技巧时，存在针对性不强的缺点，并且经常一概而论。而且对于导入的技能视角开展研究的比重少之又少。因此，本节将从

---

① 王瑜霞，如何培养中专学生英语学习兴趣 [J]. 中国科教创新导刊，2009. 6.
② 侯玉桃. 高校教师课堂提问质量研究 [D]. 西南大学，2013. 4.

课堂介绍技巧的详细分解开始，将小学语文教师的课堂介绍分解为五个实践环节，供教师在实际操作中应用。从全局上把握小学语文教师课堂介绍技能的现状，分析存在的问题，并给出相应的解决策略，使小学语文教师能够更好地开展课堂介绍教学。

三、导入技能的应用研究

（一）小学语文教师课堂导入技能存在的问题

小学语文教师课堂介绍中存在的问题应从四个主要方面探讨：教师课堂介绍技能的使用、课堂介绍技能运用时的互动、教师对课堂介绍的反馈以及小学语文人文学科的体现。

1. 小学语文教师在运用课堂介绍技能的过程中没有得到很好的实施

教师在课堂上教学必备的能力之一——课堂介绍技巧，是所有小学语文教师都必须认真学习和严格掌握的基本教学技能。但在实际研究中发现，部分小学语文教师在使用导入技能的过程中，暴露出了一些问题，主要表现为：

（1）小学语文教师集中学生注意力的技巧没有得到很好的贯彻落实

当老师在课堂上介绍时，大多数小学生没有注意到，许多小学生认为老师选择的导入方法或内容并没有激发他们的学习兴趣。

教师用来集中学生注意力的技巧没有得到很好的贯彻，可以表现为：老师在课堂上介绍的语言太平淡，导入的方式死板，课堂导入没有新意，不能有效地集中小学生的注意力。研究发现，同样的介绍方法会被教师在介绍过程中反复使用。作为课堂介绍的开始，如果教师不能集中学生的注意力，将非常不利于后续的介绍教学。因此，教师如何设计和组织介绍的开头，使其引人入胜，迅速集中小学生的注意力，并为课堂介绍环节开一个好头，是所有一线小学教师必须认真思考的问题。

（2）小学语文教师在激发学习动机方面的技能表现不足

研究表明，只有一小部分小学生能够通过老师的课堂介绍被动员起来，全身心投入到探索新知识的学习中，但大多数小学生不能或有时能够被动员起来，他们认为教师的课堂介绍不能有效地激发他们的学习动机。学习动机与学习效率密切相关，小学生必须对学习有兴趣，才能被他们正在学习的内容所吸引。

教师激发学习动机的技能效果不足，体现在：在实际的课堂教学过程中，许多教师的导入环节脱离学生的实际学习情况，缺少创新性和新颖度，课堂导入的趣味性不足，没有情感和活力，这样的介绍就无法激发和促进小学生的学习动机。

（3）小学语文老师组织指导学生运用技能主题偏差

组织和引导小学生的技能是教师将技能引入课堂的第三步。但多数教师课堂介绍的创建偏离了教学内容，未能为学生建立技能和知识准备。研究表明，只有少数小学生可以通过教师课堂介绍对这节课的学习方法和内容有初步的了解，还有很多小学生有时能看懂要学的内容，有时还不能看懂要学的内容。

教学技能比指导更重要，语文教师指导学生技能和主题的技能偏差主要表现在：一些教师缺乏介绍的思路和目的，课堂介绍没有指导，无法引导学生学习具体的学习内容。教师组织和引导学生的技巧是在介绍过程中让学生清楚、清晰地知道整节课的教学目标，但在介绍的实际应用中，语文教师课堂的介绍不时偏离中心主题，学生在课堂上往往不知道老师在说什么。这种对课堂中心内容的偏离和令人困惑的导入逻辑会导致学生在进入课堂情境时感到突兀和困惑。

（4）小学语文教师建立知识联系的技巧无效

在知识之间建立联系的技能是小学语文教师课堂介绍技能的第四步，

研究表明，大多数小学生认为课堂介绍建立了新旧知识之间的联系，表明教师已经意识到在创建课堂介绍时连接新旧知识的重要性。

汉语教师在建立知识联系方面的技能表现不佳，反映在教师介绍知识时经常拖延。首先，他们只是引导学生复习旧知识，而忽视了从中衍生出的新知识的学习。在一堂课开始时，一些老师经常用"上节课，我们一起学习……今天，我们将一起学习……"介绍，其中不包括建立知识联系的介绍概念。因此，教师在创建导入链接时，不能为导入链接而导入，还需要建立新旧知识之间的联系。

（5）小学语文教师及时进入课题的技能运用不当

对小学语文教师课堂介绍时间的研究表明，大多数语文教师的课堂介绍是冗长的。一般在8—10分钟左右，未能及时地引领学生投入到课程的学习中去。小学语文教师运用技能不当，不能及时进入课题，表现在以下几个方面：引言过程占用课堂教学时间过长，必然会影响到其他环节的教学时间，这将会使小学生产生困惑和误解，对哪里是导入，哪里是讲授新课难以分辨。由于小学生的注意力有限，小学语文教师的引入时间过长会影响课堂教学的整体效果。

2. 小学语文教师课堂介绍中师生互动不多

小学语文课堂介绍中师生之间缺乏互动，会影响教师课堂介绍的整体质量。《小学语文课程标准》一书表明，教学过程应反映师生之间的互动和共同发展。在大多数教师教学的过程中，课堂气氛是专制的，教师和学生在语言、行为的互动演示或情感互动方面的交流和互动相对较少。究其根本原因，是语文教师将教学视为一项任务，由于教学时间的限制，他们往往忽视了与学生的互动，使介绍变得肤浅。

在小学语文教师的课堂介绍中，互动形式是单一的、有偏见的、形式化的，反映了课堂上师生关系缺乏民主。第一，"单一"互动。课堂介绍中的互动教学以教师为中心，学生处于全面被动接收状态。介绍过程最终演变成教师的个人"独奏"，学生最终成为沉默的观众。第二，"有偏见"

的互动。在课堂介绍过程中，老师会根据每个学生的表现，为每个学生提供不同的互动机会。当有学习困难的学生遇到困难和困惑时，他们不能有效和及时地向老师寻求帮助，随着时间的推移，会削弱他们的学习热情和积极性。第三，"偏向性"的互动。在导入过程中，教师会根据学生成绩的好坏，给予有差别的互动机会。一些学困生在课堂导入中遇到困惑时，未能及时有效地向老师寻求解答，长此以往，学生学习的积极性和热情就会慢慢减弱。

3. 小学语文教师在课堂上的引入简化了教学反馈环节

教学反馈是指教师在教学过程中向教学对象发送教学信息，教学对象接收并处理后，将由此产生的教学效果反馈给教师，对教学信息的重新发布产生影响的教学过程[①]。

课堂介绍本质上是师生之间的双边互动，但一些教师过于重视自我输出，忽视了学生在介绍过程中书面、主动和口头方面的反馈，未能充分发挥介绍过程的作用。具体体现在：

第一，在课堂介绍过程中，未能从学生的回答反馈中捕捉到信息，只力求完成自己的教学，而没有给学生及时有效的反馈。第二，在课堂介绍过程中，教师对学生活动的反馈表现为教师在与学生互动的过程中没有及时规范地反馈给学生，让学生自己操作，没有对师生之间的活动给予有效的反馈。第三，在课堂介绍过程中，教师对学生的口头反馈表现为教师的问答课堂介绍过程，没有从学生的回答中捕捉到有效的信息，只追求完成自己的教学任务，没有给学生有效及时的反馈。

4. 人文素养在小学语文教师的课堂介绍中缺乏渗透

语文是一门具有人文氛围的学科，但大多数小学语文教师的课堂介绍缺乏人文的表现力，甚至有些教师对人文精神的认识和理解片面，这在语文学科倡导人文主义的过程中存在一些偏差。主要体现在：第一，语文教师忽视了人文学科在课堂导入中的作用，在导入设计中没有加入属于语文

---

① 任小平. 注重教学反馈，提高教学效率 [J]. 新课程·中旬，2013 (12)：82—82.

学科的人文特色。第二，教师在课堂介绍环节过分强调非理性精神，忽视人文精神，语文学科的文学性在介绍中没有突出，使学生对人文精神产生误解。第三，一些教师将伦理精神视为人类文化的精神，将思想政治教育和伦理教育融入课堂，忽视了引入语言课堂的人文特征。小学语文教师使用抽象难懂的人文知识进行导入，不仅不能让学生接受人文知识的熏陶，还会影响导入的实施效果。

小学语文教师在引入课堂时，应加强对学生思想、价值观和审美的教育，正视他们对语文学科"人文主义"的忽视，重塑语文的人文精神①。小学语文教师在课堂导入时可以将语文学科"人"与"情"的特征充分结合起来，积极发挥它的育人功效。

（二）小学语文教师课堂介绍技巧出现问题的原因

研究发现，只有少数小学语文教师能够根据语文的学科特点、技能介绍的基本过程以及小学生的年龄特点，创建相应的课堂介绍。然而，在大多数教师的教学实践中，在把握课堂介绍方面仍然存在上述问题，主要在于以下原因：

1. 小学语文教师对课堂介绍技巧不够重视

（1）小学语文教师忽略了导入的价值与意义

由于小学语文教师长期受到传统教育观念的影响，他们忽视了课堂介绍。老师讲座的前奏是引言，俗话说："磨刀不误砍柴功。"如果把课堂上要教的内容比作老师想教的"柴"，那么课堂介绍环节就是老师的"磨刀"环节，老师不用"磨刀"就可以直接教出学生需要的"柴火"，但他们花费的精力远胜于磨刀后花费的精力②。许多处在教学一线的教师，往往会忽视导入的重要作用，而直接进行授课环节，这不仅不符合教学规范，也

---

① 金涛．如何在小学语文教学中培养学生的语文素养［J］．教育教学研究，2014（20）：86-87．

② 李毓安．关于中学数学教学导入的研究［D］．华中师范大学，2012：8．

给教学带来了一定的困难。

新课程标准对语文教师的课堂介绍提出了新的要求，主张教师在课堂介绍中要注重三个维度相结合的目标。因为应试教育的现状在本质上没有改变，教师仍然会将教学重点转移到向学生灌输知识上，从而减少与学生的情感互动，忽视学生的想法，最终课堂介绍环节沦为教师的"一字课堂"。

（2）小学语文教师针对导入技能质量开展教学反思不力

通过对一线教师课堂观察、问卷调查中问题的分析和与小学语文教师的日常交流中得知，无论是语文教师本身还是教研组的其他教师，他们对课堂教学目标、教学内容、教学行为和学生学习与思维状态的关注与反思较多，而专门针对教师课堂导入技能的反思却很少，这对教师提升自身的导入技能是十分不利的。正是由于小学语文教师忽视了对导入技能掌握的反思，才使教师的导入出现这样或那样的问题。

2. 小学生参与课堂导入的积极性不高

（1）小学生未领会自身在导入过程中的角色意义

在新课程改革的背景下，学生需要改变学习方式，改变被动，主动探索知识。通过研究发现，大多数学生仍然认为教师是课堂介绍的主导者，而自己则可以全面地依附于教师，从而削弱了学生自己主动探索新知的积极性。因此，教师应帮助小学生完成学习观念的转变，并在课堂介绍环节进行有效的介绍教学。

（2）小学生适应新环境的能力不同，影响教师的介绍时间

上课铃声响起后，小学生集中注意力所需的时间长短各不相同，因此在课堂介绍开始时，不同的学生对新情况的适应能力不同，适应能力强的学生能够迅速适应新事物和新知识，能够迅速融入教师的教育教学活动。一些无法适应新环境的学生需要一段时间才能慢慢融入老师的介绍①。

---

① 马丽鲜. 浅谈课堂教学导入的重要作用［J］. 课程教材教学研究，2008（45）：42-43.

（3）小学生对教师导入的评判意识缺乏

作为课堂教学活动的主体之一，学生没有意识到，他们在课堂介绍过程中的所有反应都会引发教师对介绍过程的教育教学效果的反思。同时，他们也是教师介绍过程的接受者，有义务为教师的介绍提供一些真实有价值的意见。由于小学生年龄较小，认识和评价能力有限，没有真正意识到自己是教师介绍技能的推动者，是课堂的主人，而不是介绍过程的参与者。

3. 教育部门对教师技能引进的培训和管理不到位

（1）教师的课堂导入技能未纳入教师考核体系

教育主管部门对教师的评价一般分为：教师教学工作评价、绩效评价、职称评价。首先，在教师教学工作考核方面，主管部门对教师教学工作进行考核，重点考核教师的教案设计、考试制度、作业布置、考勤考核。在上述考核指标中，各考核的子项不涉及教师课堂介绍技能考核。教育管理部门没有考核教师的课堂介绍技能，这也是教师入门技能没有提高的原因之一。其次是教师的绩效考核，主要涉及对教师教学专业工作的全过程考核，重点从教学成绩、教学态度、教学水平三个方面进行考核。①纵览上述考核标准，在对教师教学水平的考核之中涉及对教师教学技能的考核，然而，对教师课堂介绍技能的评估并不是一个必要的因素，对教师的考核评估结果影响不大。最后，对教师的职称考核，也未细分到教师对课堂导入技能的掌握情况，没有具体规定，教师的课堂介绍技能没有得到提高。

（2）对课堂导入技能的培训缺乏

课堂介绍技能是应用型教师的专业技能之一，不仅需要结合各学段的实际情况，还需要加强教师介绍技能的专项培训。然而，在实际的教育培训中，教育管理部门只培训教学技能、提问技能和评课技能，很少单独培养教师的课堂介绍技能。另外，教育管理部门要根据小学生的年龄特点来

---

① 贾明. 中学语文教学导入探究［D］. 东北师范大学，2013.28.

培养教师的课堂导入技能，根据学科特点和学校实际情况，制定培训方案，有针对性地提高教师的入门技能。但在实际培训过程中，培训教学不区分学科和学习阶段，没有针对性的教学培训，这也是小学语文教师课堂介绍技能出现各种问题的重要原因。

（三）小学语文教师提升课堂导入技能的对策

理想情况下，小学语文课的良好而有效的介绍应该循序渐进，教师和学生共同努力，产生有效的反馈，营造充分的人文氛围。因此结合上述小学语文课堂导入中显露的问题，在小学课堂导入环节中，教师应本着交流、合作和互动的宗旨，在课堂开始时，应采用互动的方式改善课堂教学环境，从而顺利完成介绍过程。

1. 使用"五步导入法"，按照流程进入导入环节

首先关注学生的注意力，然后激发学习动机，再而组织和引导学生，然后建立知识之间的联系，最后及时进入主题，教师需要认真学习和掌握课堂介绍技巧的理论，并将这些理论应用到日常教学实践中，但不要只坚持这五个步骤，要根据自己的发展情况，灵活使用。

（1）力求导语创设的艺术性，迅速集中学生注意力

导语的设计非常重要，因为它是小学语文课堂导入技能的首要环节。引言的作用是迅速集中学生的注意力，使课堂教学能够顺利进行。一些专家指出："引言的设计和使用因风格和教师性格的不同而有所不同。但总的来说，必须遵循以下原则：在正确和有意义的前提下，必须有新鲜感，以激发学生的兴趣，启迪他们的思维，创造一种氛围，从而发挥'引导'的作用。"[1] 因此，在课堂导入教学过程中，教师要针对小学生的身心发展特征，设计出一些新颖、有创意的导语和导入内容，例如：趣味性的实验、新颖奇特的故事和生动形象的实物等，有创意性地进行导入，加强导

---

[1] 贾明. 中学语文教学导入探究［D］. 东北师范大学，2013. 28.

入语的创新设计感，确保学生能够及时准确地融入课堂教学内容之中。

（2）设计问题情境导入，激发学生学习兴趣的技能

激发学生的学习兴趣和积极性是课堂介绍过程第二步的重点。小学语文教师将活力和情感带入课堂的唯一途径是通过兴趣和创新。教师先要依据学生的基本学习情况，为学生精心设计问题情境，结合教育教学内容，并且针对小学生的心理认知特点，设置"新奇疑点"，激发起学生强烈的求知欲望；其次，教师还能通过视觉方面和听觉方面的刺激，如一些影视影音资料，例如，通过有趣的动画片段和幽默的短视频激发学生探索、观察和认知的兴趣，从而激发学生的学习欲望。

（3）升级教学准备的质量，精研组织引导学生的技能

将技能引入小学语文课堂的第三步是组织和引导学生，旨在帮助学生快速掌握学习目标，把握学习重点。在课堂介绍技巧上，组织和引导学生应包括引导学生明确学习目标、学习任务和学习方法。具体方法包括：鼓励学生分享学习的乐趣；肯定学生的主动学习行为；教师一般用它来向学生展示教学目标，通过讲解、多媒体演示或黑板书写等方式组织和指导学生的学习，同时激发学生的学习兴趣。

（4）建立导入桥梁，建立新旧知识间联系的技能

承上启下温故知新是导入技能的重要作用之一，从而使学生能快速融入新课的学习，这也是小学语文课堂导入技能第四个环节的重要任务。做法是：首先进入课程，可以通过引进与新课有关的资源链接。其次，教师在教授新知识的同时，应深入挖掘教材，帮助小学生学习新知识，让旧知识为新知识铺平道路。最后，当教师使用旧知识介绍新课程时，他们必须找出两者之间的相关性。协助小学生在脑海中形成知识架构，从而建立起新旧知识间的关联。

（5）严控导入时间，强化及时进入课题的技能

严格控制引进时间，及时进入新课教学，是小学语文教师将技能引入课堂的最后一步。"引言可以丰富多彩，但也要注意引言时间的控制，不

要占用太多的课堂时间，从而影响整个项目的教学"①。首先，一般情况下，课堂导入以五分钟左右为宜，教师的导入时间过长会影响之后教学环节的时间，教师在设计引言时应控制时间，合理安排引言中每个环节的时间。其次，老师的导入语言应该简洁，比如用"让我们一起学习……"、"然后我们一起进入……的学习"等简洁的话语，结束导入环节，从而开始新课的学习。

2. 采用"鼓励–互动–交流"模式，提升导入中的师生交流效果

课堂介绍不仅是教师的简单教学活动，也是学生简单的学习活动。两者不能分开，师生之间应该有一种相互促进、共同发展的合作关系。现代教育教学理论指出，"课堂介绍是师生之间积极沟通、互动、共同发展的过程，是教师教学与学生学习的统一"②。

（1）尊重激励学生，创设融洽的导入氛围

在课堂介绍过程中，小学语文教师需要了解自己在课堂教学中的身份和作用，以营造和谐的介绍氛围，教师的身份是学生学习的引导者和教学活动的组织者，教师的作用是成为学生的"知心伙伴"，成为学生学习的"参与者"和"合作者"。

首先，因势利导地激发学生的学习积极性，使学生成为学习活动真正的"参与者"。总的来说，良好的导入能创设出各种情景来激发学生的创造性。教师在教学中如果能调动起学生的学习热情，就能产生出强大的凝聚力和感染力，课堂上就会呈现愉悦轻松的局面。

其次，教师要充分尊重每一位学生，少批评多鼓励，让学生成为有效的"合作者"。在导入环节中，教师要考虑到不同学生的特征，不仅要表扬表现优异的学生，而且要鼓励那些胆小不善言辞的学生，激励学生大胆说出自己的观点，表达出自己的真情实感，激发起每位学生的互动热情。

① 贾明. 中学语文教学导入探究 [D]. 东北师范大学，2013. 28.
② 陈洪. 高中英语课堂师生互动研究 [D]. 浙江师范大学 2011 (12)：28.

（2）增强导入互动，确保导入交流效应

教师要在课堂介绍中积极寻找师生互动的支点，开展更有效的互动，真正让介绍成为师生共同成长的课堂过程①。第一，教师要着重提升导入时提出的问题质量，扩大师与生之间的互动。在课堂介绍中，教师应根据学生的实际学习情况设计启发性、开放性的互动问题，让学生从多个维度发挥想象力，进行主动探究，拓展师生之间的互动空间。第二，激起学生的探索欲，主动地搜集资料来丰富交互内容。《小学语文课程标准》的总体目标指出，"学生应积极尝试利用新兴技术辅助语文学习，初步掌握收集和处理信息的能力"②。课前，教师鼓励学生通过查阅资料的方法来收集相关资料，可以在教师实施导入时向同学们交流和展示。同时，教师自己也可以收集相关资料，制作教学课件进行展示，带领学生一起理解资料中的知识。

（3）讲求交流技巧，提高互动导入的实效

在小学语文课堂介绍过程中，教师通过问答、对话等交流方式积极与学生互动，让师生共同成长、共同发展。

首先，在小学语文课堂的引入中，教师应培养学生认真听讲的习惯，学生应确保教师在讲课和同学讲话时专心听讲，教师可以通过向学生提问来测试学生的听课效课。

其次，在小学语文课堂导入中，学生回答问题时的口头语言表达能力是教师需要关注的，学生回答问题要清晰，声音洪亮，表达得淋漓尽致。鼓励和欣赏学生有意义、有序、合理和礼貌的表达。

3. 转换"口头反馈-书面反馈-活动反馈"模式，增强导入的反馈效果

新课程标准指出，教师不仅要掌握基本知识和基本技能，还要在教学过程中关注学生的情感体验，教师应善于在口头、书面和积极活动中创造

---

① 王红艳．师生互动在语文课堂中的运用［J］．教育科研，2010（12）：84-85.
② 《义务教育语文课程标准（2011版）》，中华人民共和国教育部制定，2011：5.

性地利用中学生的反馈，注意学生的个体差异，让每个学生都能得到良好的发展①。

（1）营造导入对话氛围，丰富口头反馈

小学语文课常用的口头反馈方式是问答，教师提问，学生回答问题，教师对学生的回答提供教学反馈。比如，在窦桂梅老师《晏子使楚》一课的导入中教师提问："同学们为什么要叫晏婴为晏子呢？"然后学生们依次回答，她从学生的回答中掌握一些信息，循循善诱地引导学生来了解这个"子"字的由来。窦桂梅老师经由学生的口头回答，来了解学生的学习状况，以便随时调整导入方式。如果教师想在介绍环节中获得有效的口头反馈，首先，教师需要在介绍环节预设问题。不仅要与课堂教学内容相符，而且要契合小学生的认知能力。其次，教师在介绍过程中对学生的口头反馈进行反馈时，不仅要关注一些"尖子生"，更要关注所有学生。因此，教师在选择学生答题时，应选择"有代表性"的同学。显然，教师以这种方式获得的信息是真正有效和有用的反馈。

（2）及时转换导入教学，注重书面反馈

在小学语文教师的课堂介绍过程中，教师通过学生的课堂板书或写作来掌握信息反馈的方法，即书面反馈。例如：语文特级名师窦桂梅在《再见了，亲人》一课的导入中，运用多媒体技术，与学生一起深入探讨"亲人"一词的深刻意义。在与学生的口头交流中，她还要求他们在黑板上写下他们所说的经典词汇。讨论结束后，窦桂梅老师来到黑板前，认真评估和总结学生写的每一条，最后总结出讨论结果关于"家庭"二字，从而介绍新课的教学内容。首先，教师可以在介绍过程中使用书面反馈来了解学生对某些单词的使用和掌握情况，以及学生写作的标准化。同时，他们还可以识别一些可能的问题和弱点。其次，语文教师在介绍过程中通过书面练习获得反馈信息后，应及时、有针对性地提供指导和分析。最后，在导入中教师可以将学生分成一些小组，让小组同学共同协作，教师可以通过

① 张舟. 浅谈数学新课导入法［J］. 新课程（上），2013（7）：122-123.

小组的书面反馈，收集到学生群体对知识的掌握程度，同时还能从中掌握学生个体之间的学习差异。

（3）注重变换导入过程，调节活动反馈

语文课堂介绍中的活动反馈是指教师在课堂介绍中通过动手实验、游戏、竞赛等活动为学生提供的教学反馈①。比如，小学一年级语文拼音教学的《d t n l》一课中，小学语文教师依据低年级学生的认知规律，精心准备了一些主题的语音模型，并用这些模型设置了一个"模仿秀"游戏。学生们通过模仿表演获得了图像知识，这既是一种输入，也是一种游戏，小学生们很兴奋能参加模仿表演游戏。首先，语文教师可以通过活动激发学生的学习热情，促进学生全身心投入学习，因此教师收到的活动反馈信息更加真实有效。其次，在进行课堂上介绍的活动的过程中，教师仔细观察每个学生的活动表现，会获得一些关于学生学习的信息。同时，游戏活动的结果也可以反馈学生的学习效果和认知能力。最后，语文教师可以通过活动的反馈，总结和反思本课介绍的得失，为下一节拼音教学课的介绍取得好成绩做准备。

4. 引入"三教育"例子，展现人文性的导入

小学语文教师需要精心设计导入教学过程，增强导入过程的人文性质。语文教师在引子设计中需要"以人为本"，始终坚持"以学生为本"的发展教学理念，教师如何通过课堂导入技能来展现语文学科所独具的人文性特征就显得十分重要。

（1）引入思想教育例子，培养学生的道德修养

在小学语文教师的课堂介绍中，有必要为学生的思想教育增加一些内容。培养学生的爱国情怀、增强道德修养和磨砺坚强意志，构建学生的德育架构。第一，教师可以将爱国主义教育融入到介绍过程中，熏陶学生的思想素质，增强学生的爱国主义精神。中华5000年的灿烂文明，是教师可

---

① 李东荣. 初中物理课堂导入技能探究［J］. 广西教育（中教版），2013（9）：16-17.

以用来培养学生民族自豪感的材料①。第二，语文教师可在导入中融入道德教育内容，培育学生良好的道德素质水平，如中华传统美德和社会公德等。第三，语文教师可以在引言中融入强烈的意志教育内容，培养学生优秀的人格和品格。例如，在介绍《落叶》这门课时，语文特级教师窦桂梅（详见案例一）整合了学生的思想教育内容，并用香山的秋叶图顺利地介绍了新的课程内容，这张香山秋叶图不仅向学生展示了美丽的风景，更引发了学生对祖国大好河山的强烈热爱，也在潜移默化中培养了学生的爱国情怀。

　　案例一：①集中学生的注意力：窦桂梅老师在课堂伊始送给学生两句话，分别是"我很棒"和"你真的很棒"。鼓励学生并与他们互动。②激发了学生的学习动机：将学生带入一种"温暖中觉得很棒"的感受，从而进入到课堂导入之中。③组织引导学生。④建立新旧知识间联系：教师展示香山红叶图，与学生一起吟咏"远上寒山石径斜……"的诗句，向学生介绍风景如画的山水风光，树叶、树枝和树叶使香山变得非常美丽。风呼呼地吹，天气越来越凉，这叶子就会……？窦教师板书：落叶。⑤及时进入课题：下面我们一起进入到《落叶》一课的学习②。

（2）引入价值教育例子，促进学生的全面发展

　　教师将价值教育融入课堂介绍中。可以加入一些与学生日常生活相关的价值选择和判断的教学案例，利用例子中包含的价值教育因素来培养小学生的情操，满足学生在成长和发展过程中对价值教育的需求，帮助学生塑造良好的情感价值，并完善其价值观念。例如，资深教师孙双金介绍了《林冲棒打洪教头》课程，为学生示范价值理念教育。孙老师的介绍（详

---

① 赵艳香．语文教学应突出人文性［J］．考试（教研版），2009（01）：59-60.
② 窦桂梅．大夏书系·玫瑰与教育［M］上海：华东师范大学出版社，2006.234.

见案例二）是根据学生对《水浒传》中英雄的评价，从而对"好汉"一词有了自身的深切理解，学生慢慢地接收到了价值教育的熏陶。

案例二：①上课伊始，集中学生的注意力：孙老师播放电视剧《水浒传》中主题曲《好汉歌》，顿时雄壮、豪迈的歌声回荡在教室里。②激发学生的学习动机：进而与学生进行课前交流，询问学生歌名和最喜欢《水浒传》里哪一位好汉。学生们的回答各不相同，包括喜欢打虎英雄武松，喜欢花和尚鲁智深，喜欢豹子头林冲，喜欢九条龙石锦。学生们的话匣子打开了，讨论非常激烈。③组织引导学生。④建立新旧知识间联系：教师进而引导学生，问"你们知道什么样的人叫好汉吗?"有人说勇敢的人，有人说珍惜友谊的人，有人说爱与不公作斗争的人，有人说支持正义的人，有人说遇到不公愿意帮助别人的人……⑤及时进入课题：同学们刚刚讲了很多好汉的特点，今天我们就重点来研究一下《水浒传》里面108将中第一位出场的好汉。黑板写出课题《林冲棒打洪教头》①。

（3）引入美育例子，增强学生的审美趣味

教师在导言中加入美育教学，提升小学生的审美能力。在素质教育时代，学生需要在德、智、体、美、劳动五个方面全面发展。因此，在他们的日常介绍中，需要将促进学生全面发展的教育教学理念渗透其中，从而提升学生的审美情趣。美育的功能是促进人们与自然和社会的审美关系，提高人们的审美能力，发展人们的审美理想②。我们平时的生活中并不缺乏"美"，缺的是探索"美"的眼睛，这就要求教师学会在日常生活中发现"美"，把发现的"美"带入生活。比如贾志敏的《掌声》（详见案例

---

① 孙双金.听孙双金老师讲语文 [M].上海：华东师范大学出版社，2014.104.
② 赵艳香.语文教学应突出人文性 [J].考试（教研版），2009（01）：59-60.

三）的介绍，就是充满人文情怀和人性的美育教学模式。贾老师的课堂介绍教学，不仅让同学们领会了题目背后的含义，也让他们感受到了美的教育，用掌声接纳了生活中所有美好而有意义的事物。

案例三：①贾老师在上课伊始，集中学生注意力：强调学生在上课时思想要集中，身体要坐正，眼睛要看着老师。用你的眼睛看着别人，表示对他们的尊重。所以有文化的人在与他人交谈时总是互相看着对方。②激发学生的学习动机：接着贾老师与学生进行互动，教师说：今天，贾老师给大家上课，欢迎？（学生回答"欢迎"）你如何欢迎不熟悉的老师？学生们用掌声（拍手）回答。老师继续：你是第一个拍手的，你是最聪明的。你在黑板上写下"掌声"。写得整整齐齐。大家，他写得很好。我们如何表扬他？学生们用掌声（拍手）回答。③组织引导学生。④建立新旧知识间的联系：教师最后总结，我们这个地球村生活着不同肤色，不同国家和民族，不同语言的人。我们之间有一种不用翻译就能理解的语言，那就是我们的掌声。⑤及时进入课题：进而引出今天的课文《掌声》①。

---

① 孙双金．听孙双金老师讲语文 [M]．上海：华东师范大学出版社，2014.104.

第二章
提问技能研究

　　提问技能是小学数学教师在课堂教学中最常用的教学技能，从小学数学教学的实践上看，小学数学的课堂教学是需要教师运用好提问技能的，和学生在课堂中进行互动、交流。而教师与学生之间的最常用的、最主要的沟通交流方式就是问答。教师的提问不仅能调动学生在课堂上回答问题的积极性，也会端正学生的学习态度，提升课堂教学效果。因此，我们要依据新课程理念，树立全新的课堂提问的教学理念，教师在课堂上高质量的提问和引导，能启发学生思考，来实现有意义的，且目标明确的小学数学教学。

一、提问技能的相关概述

　　针对"提问技能"的概念，许多研究者给出了不同的释义。笔者通过搜集、整理相关学者对提问技能的定义，概括出：提问是教师在课堂中，利用提出问题以检查、了解学生对知识的理解和掌握程度、基本技能掌握程度，进而来帮助学生巩固和应用知识，启发学生思维，从而实现教学目标的一种教学能力。换句话说，提问技能是指教师通过提出问题来促使教师与学生相互作用，并且用这种相互的作用了解学生课堂的学习状态，从而促进学生思维发展的一种教学能力①。

提问技能是复杂的，按照课堂教学提问的步骤，提问技能可分解为：设问技能、发问技能、待答技能、导答技能和结问技能。

（一）设问技能：教师在备课时，根据教学目标、教学内容设计教学问题的能力。

（二）发问技能：教师把提前设计好的问题，或课堂教学过程中临时想的问题向学生提出来的能力。

（三）待答技能：教师在提出问题之后，学生回答问题过程中，或学生提出问题的过程中，教师进行等待、观察、听取的技能。

（四）导答技能：学生在回答教师问题的过程中出现障碍时，教师对学生进行适当指导的技能。

（五）结问技能：学生回答完教师问题后，教师针对学生的回答进行评价、对教学提问进行总结的能力②。

二、提问技能的研究述评

在课堂教学中，提问始终扮演着主角。国内外的学者从提问的各个方面做出了相关的研究，笔者从以下几个维度对他们的研究进行梳理：

（一）关于提问的追溯

国外最早对提问作出相关研究的学者是古希腊的哲学家苏格拉底（Socrates），他创造了"苏格拉底问答法"，又称"产婆术"。苏格拉底曾强调过，教师在课堂教学中要不断地进行提问和暗示，以对话的形式解决

① 严先元. 教师的教学技能 [M]. 北京：中国轻工业出版社，2007：116.
② 李冲锋. 教学技能应用指导 [M]. 上海：华东师范大学出版社，2007：82-93，106-108，114.

学生在认知中的矛盾与困惑，以此来进一步引导学生在课堂中积极分析问题，最终得到正确答案。然而，传统的"苏格拉底问答法"教学里，学生发挥不出其主动性，形成了教师牵着学生走的现象①。

春秋战国时期，我国的著名教育家——孔子，提出了启发式教学原则。他提出了教师提问的时机性，要求教师的提问应该调动学生的求知欲望。我国古代有关于教育教学的著作《学记》中，同样地提出了问答法，其作者认为擅长提问的人都会先提出容易解决的问题，再提出难题。这样的话，问题就很容易被解决，不会提问题的人就与此相反②。当然，这个观点直到现在还是值得被一线教师所借鉴的。

近代，我国的学校普遍采用了班级授课制，提问也走进了中小学的课堂，同时提问也成了考查教师的基本教学技能之一③。受到国外关于提问研究的影响，自20世纪以来，我国也逐渐出现了不少把提问作为一种教学技能来研究的教育教学著作。

1984年，在我国台湾，出版了张玉成的《教师提问技巧》，这本书也成了我国国内第一本有关于课堂提问技能的专著④。

（二）关于提问分类的研究

1912年，美国教育家斯蒂文思（Stevens），他对课堂提问做了最早的研究。在研究中，他发现，教师课堂提问的问题类型有66%是能够直接在教科书中提取答案的记忆型问题。但是，教师提问的时间与学生回答的时间约占普通学习时间的80%⑤。由此看出，记忆型问题在教师的课堂提问

① 杨蓉．小学数学课堂教学中教师提问调查研究［D］：［硕士学位论文］．呼和浩特：内蒙古师范大学，2013：6-7.
② 夏鸣鸣．高中课堂提问探究［D］：［硕士学位论文］．贵阳：贵州师范大学，2008：1-2.
③ 夏鸣鸣．高中课堂提问探究［D］：［硕士学位论文］．贵阳：贵州师范大学，2008：1-2.
④ 夏鸣鸣．高中课堂提问探究［D］：［硕士学位论文］．贵阳：贵州师范大学，2008：1-2.
⑤ 徐婷．初中数学课堂提问有效性的研究［D］：［硕士学位论文］．大连：辽宁师范大学，2012：4.

中占比比较大。

桑德斯（Bernie Sanders）根据布鲁姆（Benjamin Bloom）的认知理论，把提出的问题划分为几个类型：知识型提问、理解型提问、运用型提问、分析型提问、综合型提问及评价型提问①。

1987年，依据布鲁姆的《教学目标分类学——认知领域》中的基本思想，美国教育家特内创立了"布鲁姆——特内教学提问模式"。他将提问按照由低到高分为六个水平，即：知识水平提问、理解水平提问、应用水平提问、分析水平提问、综合水平提问和评价水平提问②。

心理学家布朗（Roger Brown）和爱德蒙森（Edmvndson）把提问分为几种类型：漏斗型提问、扩展型提问、拓展型提问和上升型提问、发散型提问和收敛型提问、逐渐上升型提问和逐渐下降型提问、急降型提问以及随机型提问③。

2004年，郭友出版了《新课程下的教师教学技能与培训》这本书，他指出：根据提问的概念，可以把提问分为低级认知提问、高级认知提问。低级认知提问包括回忆提问、理解提问、运用提问三个类型；高级认知提问包括分析提问、综合提问、评价提问三个类型。④

2007年，李冲锋出版了《教学技能应用指导》一书，他在书中指出：根据不同的分类标准，可以将提问分为不同的类型。依照提问水平，可以将提问分为六种类型：知识水平的提问、理解水平的提问、应用水平的提问、分析水平的提问、综合水平的提问和评价水平的提问。依据教学进程进行分类，将提问分为四种类型：初始性提问、探索性提问和总结性提问。根据提问内部结构来分类，提问分为四种类型：总分式提问、阶梯式

---

① 苗畅．新课改背景下教师课堂提问设计的研究［D］：［硕士学位论文］．哈尔滨：哈尔滨师范大学，2012：3.

② 徐娟．小学数学课堂提问的有效性研究［D］：［硕士学位论文］．南京：南京师范大学，2011：6-7.

③ 徐娟．小学数学课堂提问的有效性研究［D］：［硕士学位论文］．南京：南京师范大学，2011：6-7.

④ 郭友．新课程下的教师教学技能与培训［M］．北京：首都师范大学出版社，2004：129-134.

提问、连环式提问以及插入式提问。依照提问的信息交流形式分类，可以分为特指式提问、泛指提问、重复式提问、反诘式提问、自答式提问。根据提问的具体方式分类，将提问分为：直问和曲问、正问和逆问、单问和复问、快问和慢问。①

2012年，卫建国、张海珠出版的《教学技能导论》一书中，他们将提问分为了低级认知提问以及高级认知提问两种类型②。

综上所述，对于提问分类的研究，各国的学者都提出了不同的看法。学者们依照提问的概念，或根据不同的分类标准，将提问分成了不同的类型。研究者们通过把提问划分为不同的类型，能够使一线教师在课堂教学过程中更好地运用多种类型的提问进行课堂教学，从而更好地完成教学。但是，这些研究者们也仅仅是把提问划分了不同的类型，而没有明确地细化出在当今的课堂教学中应如何利用这些提问类型进行课堂提问。

（三）关于提问功能和作用的研究

1967年，心理学家帕特（Pat Palmer）等人，调查了190位小学教师在课堂教学中提问的理由，根据调查，发现有69%的教师认为课堂提问的目的是为了检查学生对教学知识是否理解，且提问有利于教师对知识的传授；其中有54%的教师认为课堂提问的目的是为了判断学生在学习上的疑惑；而47%的教师认为提问是对事实的记忆；仅仅有10%的教师认为提问是为了激发学生在课堂中进行思考③。

2007年，李俊华发表了《课堂提问的技巧》这篇文章，文章中指出：在课堂教学中，教师能够通过提问得到更好的反馈。指出了提问可以让学生集中注意力，提高学生语言表达能力、观察能力。同时，提问还可以让

---

① 李冲锋.教学技能应用指导［M］.上海：华东师范大学出版社，2007：82-93.
② 卫建国，张海珠.教学技能导论［M］.北京：北京师范大学出版社，2012：30-34.
③ 高亚静.优化初中化学课堂提问的行动研究［D］：［硕士学位论文］.南京师范大学，2011：3.

学生发现自己存在的不足。①

2009 年，赵立铭在他的《课堂提问的作用和技巧》这篇文章中指出，课堂提问具有督促的作用、启迪的作用、反馈的作用、激励的作用以及强化的作用②。

2012 年，卫建国、张海珠在其编著的《教学技能导论》一书中，指出了提问的功能主要表现在以下六个方面：师生互动、集中注意、激发兴趣、启迪思维、表达交流、反馈信息③。

通过以上的研究，笔者发现：教师对知识传授进行检测的一种教学手段就是提问，通过提问引导学生靠向课堂的教学目标，从而激发学生的求知欲。当然，为了使学生在课堂上集中注意力，提问还能起到警示学生的作用。

（四）关于提问原则的研究

2007 年，李冲锋在其编著的《教学技能应用指导》一书中指出提问的原则为：激发学生兴趣、启发学生思维、提问难易适度、面向全体学生④。

2008 年，殷海华、杨丽华、欧阳芬在其主编的《有效教学的基本功》一书中，提出了课堂提问的原则为：突出重点难点、形成层次坡度、注重学生差异、激发学习兴趣⑤。

2009 年，崔锐在《新课程课堂教学技能指导与训练》一书中指出，提问的原则有：有的放矢，正确引导；难易适度；积极评价；少而精；面向全体学生⑥。

课堂提问作为一个非常重要的教学手段，在当今的课堂教学中普遍被

---

① 李俊华. 课堂提问的技巧 [J]. 教育评论，2007（2）：148.
② 赵立铭. 课堂提问的作用和技巧 [J]. 辽宁教育行政学院学报，2009（8）：135.
③ 卫建国，张海珠. 教学技能导论 [M]. 北京师范大学出版社，2012：100-108.
④ 李冲锋. 教学技能应用指导 [M]. 上海：华东师范大学出版社，2007：106-108.
⑤ 殷海华、杨丽华、欧阳芬，有效教学的基本功 [M]. 世界图书出版公司，2008. 33.
⑥ 崔锐，新课程课堂教学技能指导与训练 [M]. 长春：东北师范大学出版社，2009.

一线教师所利用。所以，教师更应该重视并严格遵守提问的原则来进行课堂提问。

（五）关于提问技巧和策略的研究

2002 年，王方林在《何谓有效的课堂提问》一文中提出，教师应该具备的课堂提问技巧为：在课堂教学的过程中，教师要以提出数量少，而且质量高的问题为出发点，问题不仅要有深度，更要有广度。教师的提问还应该引导学生提出观点，激发学生想象力，并发现其思考盲点[①]。

近些年，我国的学者们针对教师的课堂提问技能与学生学习成就、学生自我发展之间的关系，做出了一些相关研究。如：北京教育科学"十五"规划立项的《教师有效课堂提问研究》课题，此课题中关于课堂提问的观点为：一线教师的提问要面向全体学生，教师不但要提出多种类型、多个层次的问题，还应该处理好各个问题与学生已有知识经验水平以及学科之间的联系[②]。

总之，教师在课堂教学的过程中，提问应该面向全体同学。教师应该提出质量高的问题，并且提出的问题要与学生的知识与能力水平相适应。除此之外，问题还要能够促进和发展学生的思维。

通过以上的研究发现，国内外学者对课堂提问的研究相对来说还是比较完善的。但也存在着一些不同。国外的研究者更偏重于将提问的有效性问题当成他们研究的重点，研究的主线为提问的作用。我国一线的中小学教师对课堂提问的研究比较多。当然，作为坚守在一线的教师，他们从学科教学的实际出发，且紧密联系课堂教学实践，从而提出了操作性较强、切合实际的提问技巧。但是，这些教师的研究仅仅局限在自己课堂教学的感悟心得中，研究成果是他们课堂教学经验的总结，缺乏一定的逻辑论证

---

① 王方林. 何谓有效的提问 [J]. 教育理论与实践，2002（7）：45-47.
② 王方林，何为有效的课堂提问. 教育理论与实践，2002（7）.

和实际检验。但是，他们研究成果的应用性与其价值是值得我们借鉴的，能够为进一步的研究提供重要资源。

通过查阅一些资料发现，一些学者针对课堂提问自身进行研究，部分学者根据某个学科的特点对课堂提问进行研究，还有一些学者针对小学数学教师的课堂提问进行了研究。但是，多数学者是对小学数学教师课堂提问的有效性进行研究的，并不是将提问作为教师的教学技能来进行详细的研究。

本节以提问技能为视角，从设问技能、发问技能、待答技能、导答技能、结问技能五个角度出发，研究小学数学教师课堂提问技能的现状。笔者通过调查并得出数据，揭示了小学数学教师课堂提问技能的现状，从而提出一些改进小学数学教师课堂提问技能的可行性策略，让小学数学教师在数学课堂上能够更好地运用提问技能。

三、提问技能的应用研究

（一）小学数学教师课堂提问技能存在的问题

1. 小学数学教师对设问技能的重视程度不够

小学数学教师必备的一项教学技能就是设问技能，因为设问需要教师在备课时完成。因此，要求教师在备课过程中做好充足的准备，精心地设计好课堂教学的各个环节中的问题，这样才能保证小学数学课堂教学质量。调查发现，小学数学教师在此环节中存在以下两个方面的问题：

（1）小学数学教师的课前提问准备失当

课堂提问技能是教师了解学生对数学基础知识和基本技能掌握程度的一种教学手段，但其在课堂教学中没有发挥作用。主要表现为一部分教师没有课前准备问题的意识。此外，部分教师课前准备问题的时间比较短，而且设计好的问题占课堂所提问题的比例较低。

（2）小学数学教师的问题设计不够专业

心理学研究表明：如果一个人能够运用他已有的知识比较容易地解答某个问题或者一个问题需要他借助还没掌握的知识才能解决，这样的话，他的思维就不会发生变化。所以，小学数学教师设计的问题过于简单或过于复杂都影响着学生数学思维的发展。同时，小学数学教师设计的问题缺乏层次性。

2. 小学数学教师的发问技能运用不科学

教师的发问技能主要表现在数学课堂教学过程中。调查发现，教师的发问技能存在着以下问题：

（1）小学数学教师提问方式单一，提问时效性不强

小学数学教师的提问方式比较单一，直问比较多，随机追问极少。调查显示，小学数学教师对提问时机与课堂教学质量的关联缺乏研究和必要的认识，导致教学质量提升的难度增大。

（2）小学数学教师设问动机不科学

小学数学教学中，大部分教师认为课堂提问的作用是检查学生是否真正掌握了课堂所讲的知识。因此，教师有时在课堂提问时随意性比较大，甚至没有考虑提问的缘由和提问是否适当。或把提问当做课堂教学管理的手段而设问。

（3）小学数学教师发问频次多，不利于激发学生求知热情

笔者通过调查发现，教师在课堂中的互动过多，也就是提问相对来说更多，导致有的课堂提问时间占到课堂时间的一半，挤占了学生课堂思考的时间。但是，学生不问问题并不意味着他们没有问题问。所以，很多小学生习惯了目前这种被动接受的学习方式，这种现状导致学生懒于提问。

（4）提问问题种类单一，理解型问题比重偏高

数学课堂上，教师提出的问题大部分以理解型问题、记忆型问题为主。学生回答这些问题基本上不用思考，从书中找答案，或者进行简单的

思考就可以答出来，这种现象不利于锻炼学生的创新思维、应用能力。

3. 小学数学教师的待答技能无法落实于教学实践

待答技能，充分地反映着教师在学生回答问题的过程中，是否做到了耐心等待、观察和听取学生的回答。这就意味着：小学数学教师运用这项技能的过程中，应重视把学生思考的时间留得更长，还要认真听取他们的回答。笔者根据实际调查却发现，小学数学教师的待答技能依旧存在着问题：

（1）第一等待时间短，小学数学教师过于关注教学进度

在教师提问后，等待学生的时间即为第一等待时间。笔者通过调查，了解到这样的情况：大部分教师觉得候答的时间应在 5~10 秒。然而，在我们实际的数学课堂上，教师给学生的思考时间仅仅不到 5 秒，甚至，有些小学数学教师基本不给学生留一些思考时间。提问之后，就立即要求学生作答。但是，在实际的教学过程中，关于数学的一些思考性强的问题或探究型的问题，正是需要学生经过仔细认真的思考之后才能作答的。而对于教师来说，缩短候答的时间，可以让教学进度更顺利。

另外，学生缺少了独立思考的时间，不仅会让他们解决不了问题，还会让他们不能及时发现自己的问题，更不能提出问题。

（2）小学数学教师在第二等待时间内操作失当，会对学生回答问题的情绪、学生回答问题的质量产生一定的影响

第二等待时间，是指教师在学生回答问题的过程中等待的时间。笔者通过调查发现，大部分学生在出现回答问题说不清楚的情况时，认为教师偶尔耐心地等自己把问题说完。但是，在实际的课堂教学中，学生在回答问题出现说不清的情况时，数学教师会这样操作：立即重复问题，或者马上进行追问；另一种情况，当学生回答不上来问题，或者对教师的问题答非所问时，有些教师的表情会出现变化，让学生感觉十分紧张，甚至教学进度非常紧张时，教师出现不耐烦的表情，甚至会批评学生。这样的情况会让学生在课堂上产生紧张的情绪，害怕自己回答错误，这样会影响学生

回答问题的积极性、主动性。

4. 小学数学教师导答技能的功底不够实

小学数学教师的导答技能是教师在学生回答出现障碍时，及时给予指导的技能。调查发现，小学数学教师在数学课堂上导答技能运用效果不理想，存在以下两个问题：

（1）小学数学教师课堂教学过程中导答技能被忽略

调查发现，学生对教师提出的问题出现说不清楚、不能说出完整的答案、回答错误的情况时，大部分教师急于转换同学提问，忽略了导答的步骤。同时，部分教师缺乏导答的耐心，缺乏指导学生解决数学问题的过程。

（2）小学数学教师的导答技巧使用不当

首先，重复解释问题的时候容易使学生对问题的理解产生歧义；其次，导答方式单一，没有因材施教。

5. 小学数学教师结问技能的表现力度不足

小学数学教师的结问技能，需要教师在学生回答问题结束后，对学生的回答要有及时、有针对性地适当的评价。调查发现，小学数学教师的结问技能存在以下两方面的问题：

（1）小学数学教师对学生的回答评价没有突出学科特色

目前，在小学数学课堂上，小学数学教师一般都会对学生的回答进行评价，但是评价方式过于单一。往往是一些程度上的赞语，如"不错""你真棒""说得不错"等单调而泛泛的评价，其实，类似这样的评价适合于所有的学科。

（2）小学数学教师评价不及时，评价意见缺乏指导性

通常来说，教师的课堂教学评价应该围绕学生的学习态度、问题的性质判定和成因及影响等方面展开；当学生回答正确时，大部分教师会给予学生很简单的表扬，教师对学生回答表现出无反应的情况也时常出现，缺乏必要的鼓励和引导。当学生回答错误的时候，小学数学教师很少会对错

误原因进行分析，基本上转换提问对象直到学生说出标准答案为止，导致回答错误的学生不知道错在何处。

（二）小学数学教师课堂提问技能存在问题的成因

1. 小学数学教师的提问观念不够成熟

（1）小学数学教师对"提问式教育"的本质理解不到位

当前，小学数学教师都意识到了传统"灌输式教育"的劣势。笔者发现：部分小学数学教师确实把提问贯穿在他整个数学课堂的过程中。但是，这样的操作恰恰使小学生在课堂教学中的提问机会变得更少。那么，小学数学课堂实现真正的"对话"了吗？当然没有。此外，从所提问的问题性质上看，小学数学教师所提的问题局限于教材的内容，没有兼顾到学生数学思维的培养，缺乏与生活实际的衔接，没有达成"提问式教育"的本质。

（2）小学数学教师对问题的准备缺乏设计

一个好的数学问题是需要小学数学教师经过反复斟酌精心准备的。要设计一个激发人心、启发思维的数学问题，需要教师结合当课的教学目标、学生学习的特点及学生年龄特点，并且还要考虑这个问题是否有层次性、启发性、针对性和可行性。但从调查数据来看，大部分教师花在准备问题上的时间是很少的，仅占整个备课时间的一半。可见，小学数学教师设计问题上所花费的时间严重不足，并且缺少设计问题的专项训练和基本素养。

（3）小学数学教师对新课程改革的理念渗透有待加强

随着新课程改革的要求，教师的课堂教学要真正实现以学生为主体的形式，以学生发展为本体。这就表明了，"对话"成为促进教师、学生学习沟通交流的主要方式。因此，许多数学教师在小学数学课堂教学中把提问当做"对话"的唯一途径，并且在提问的过程中暴露了一些问题，出现为了"提问"而"提问"、提问满堂灌等现象，使得新课程改革的理念浮于表面、形式化严重。

2. 对小学生的问题意识和发问能力的培养力度不足

（1）小学生过于依赖教师，自主探究的意识不足

一系列的调查显示，大部分的小学生认为，自己的知识是从教师那获得的，那么教师就是权威的，教师说，学生听。此外，小学生的年龄和认知的特点，使得他们会对教师产生依赖。

（2）小学生提问的胆量和素养有待加强

调查显示，当小学生对数学教师所讲的知识产生了疑问，或听不懂时，会有三种处理方式：一是极少部分的学生会在数学课堂上说出自己存在的疑惑；二是有一小部分选择课后去找教师来帮助答疑解惑；三是大部分学生不敢说出自己的疑问。

究其原因有两个：首先，小学数学老师受学时所限，忽略了学生的提问热情。其次，在平时的学习过程中，小学数学教师采取的鼓励学生主动提问和发问的教学措施和时间不多。

3. 提问过程中反射出来的小学数学学科特征不突出

（1）小学数学教师提问过程中忽略对学生创新思维的培养

促进学生数学思维的发展是小学数学教学的根本任务，课堂教学作为一线小学数学教师实践课程理念的主阵地，小学数学课堂的核心能量即将是数学思维。然而，在如今的小学数学课堂上，小学数学教师提出创新型问题的比例少之又少。

（2）小学数学教师设计的数学问题与生活联系不密切

数学源于生活，在小学数学课堂上，教师能否创设良好的数学学习的情境对于学生而言也是比较重要的。我们的生活实际与数学的教学内容紧密相连。虽然，教师也关注到了这一点，但未真正从内心重视起来，未让学生亲自体验到把生活中实际的问题，抽象成数学模型，对其进行分析、解释、应用的过程，教师对二者的联系经常是一带而过的。

（三）优化小学数学教师课堂提问技能的对策

针对小学数学教师课堂提问技能存在的问题，从优化提问内容、完善发问技巧、保证待答时间、提高导答技巧、改善评价方式及勤于教学反思等几个方面，提出提高小学数学教师课堂提问技能的有效对策。

1. 保证备课效力，提升问题质量

（1）提升问题设计水平，把问题与教学意图紧密衔接

小学数学教师设计问题渗透着其教学的意图，主要包括：课堂上，把培养学生的应用能力和推理能力作为促进学生进入学习过程的铺垫。因此，要求教师在进行备课时，首先保证备课时间，更要适当地增加教师准备问题的时间。只有教师有足够的时间，反复酝酿设计问题，才有利于提高问题的质量。其次要保证问题的科学性和设计感。教师在准备问题的过程中，还要考虑到学生需要掌握哪些知识点、锻炼哪种能力，以便更好地设计问题。

（2）设计问题突出针对性，问题难度适中

关于小学数学问题的设计，教师要根据学生的学情来设计，从学生已掌握的知识点、基本技能和学生所处的生活环境出发。根据数学教学内容，选择在适宜的、必要的环节中设计问题，也可以选择在教学重点、难点和关键点、数学知识易混处、易错点、看似无疑问却有疑问处、更能引起学生联想和想象的地方、看上去矛盾的地方、新旧知识的迁移和衔接中进行设问。

小学数学教师的提问要有层次性，且问题要难度适中。首先，小学数学教师要针对教学内容中的重难点来设计问题的难易度。其次，小学数学教师应该针对学生的学习能力设计问题。一是设计的问题要面向全体同学。二是教师要有针对性地设计问题，以符合学生不同的学习水平。

2. 讲求发问技巧，增强提问效力

（1）丰富提问方式，变单一为多元

小学数学课堂提问在对启发学生、推动学生的数学思维的方面具有重要的作用。小学数学课上，教师完全可以结合采用以下几种提问方式对学生进行提问：

①激趣式提问

教师的激趣式提问必须从教材和学生心理出发，循序渐进，突出问题的趣味性和启发性，所用教学语言也要具备科学性、艺术性和生动性。教师还要根据教材的特点，深入挖掘教材本身的趣味性。

②迁移式提问

小学数学的知识系统性强，结构非常严谨，知识之间存在着不少的共同要素①。教师需要设置以旧引新、由浅入深的问题。此类提问方式是否有效，主要在于，不但要让新旧知识相联系，而且需要小学数学教师精心设计问题或操作活动。

③悬念猜想式提问

在小学数学课堂教学中，培养学生的猜想能力也是提高学生创造能力的一条有效途径。这种提问方式要求小学数学教师在提问后，留给学生一个悬念，而不是先作答，以此来激发学生的求知欲望②。

（2）把握提问最佳时机，突出提问实效性

孔子说"不愤不启，不悱不发"。"不愤不悱"教师是不能问的。而教师提问的最适宜的时机是学生在心中似懂非懂，口中想说却说不出的时候。此时既要抓住时机又要创造时机。对于提问的时机给予以下几点建议：

①在学生遇难题思维受阻时发问。在小学数学课堂上，教师有时会提出一些学生不易理解的问题。这时，教师要提出一些诱导性的问题而不是

---

① 何裙裙. 小学数学课堂提问教学策略研究 [D]：[硕士学位论文]. 天津：天津师范大学，2010：43.

② 鲁翠仙. 数学教师课堂提问的方法与技巧 [J]. 临沧师范高等专科学校学报，2013（2）：82.

直接进行讲解,让学生打开新的思路,激发数学思维,提高学生独立解决问题的能力。

②在学生无疑处为激疑发问。朱熹曾说:"读书无疑者,须教有疑,有疑者却要无疑,到此方是长进。"① 小学数学教师除了要为学生解惑,更要对他们激疑。小学数学教师应通过提问的方式使学生在无疑处见疑,并最终引导学生解决问题。

③当课堂秩序乱时发问。在教师讲课的过程中,同学们有时会在私下议论。教师可以选择以下两种处理方法:第一,让学生把自己的疑问表达出来,暂时停止讲课。第二,根据教师自身的教学经验,立刻抛出一些问题,让学生的疑难及时得到解决。

④当课堂气氛沉闷时发问。此时,教师就要投石兴波,及时提出有新意、思考性强的问题,让学生们展开讨论,重新整合师生课堂互动关系,把课堂教学推向一个新的高潮。

⑤课堂小结时发问。一般情况下,在结课之前,教师都会把本节课的知识点进行总结。这个时候,小学数学教师要提出让学生深省的问题,可以让学生放下放松的心思,重新把思维收回到课堂上。

(3) 培养学生质疑精神,引导学生主动发问

数学课堂上,学生主动提出问题是学会学习的第一步。在课堂教学中,学生始终占据主体地位。因而,在小学数学课堂上应该把提问权还给学生。首先,在数学课堂上,教师要以一个宽松和谐的学习环境,来调动学生敢想敢说的主动性与积极性。其次,教师在平时的课堂教学要起到示范作用,示范提问,让学生树立问题意识。总而言之,小学数学教师要让学生自觉地在"问中学""学中问"。

(4) 教学向生活渗透,拓展问题类型

随着社会进步、时代发展,数学与我们生活紧密相连。在小学数学课堂上,教师就要注重把问题与实际生活相结合。教师要重视把数学问题引

---

① 转引自李冲锋. 教学技能应用指导 [M]. 上海:华东师范大学出版社,2007:103.

入到生活情境中，以此来激发学生的学习兴趣。除此之外，数学教师不但要善于提出理解型问题、记忆型问题，还要将理解型问题和记忆型问题，与探究型和创新型问题相结合。这样，才能促进学生数学思维的发展。小学数学教师可以在课堂上适当加入以下两种类型的问题：

①发散型的问题

发散型问题，即小学数学教师在授课的过程中，提出的能激发学生思维的开放性问题。因为学生生活的背景、思维方式的不同，他们使用的数学方法也存在不同。因此，教师要尊重学生的想法，鼓励学生进行独立思考，提倡"一题多解"。除此之外，教师还要鼓励学生创新，发散数学思维。

②探究型的问题

探究型问题，即教师提出能够让学生主动参与探究学习，且学生积极进行探索、发散思维的问题。比如：联想、比较、推理等，教师让学生自己在思考的过程中去发现、分析问题，独立寻找知识的规律、解决问题的办法。这种做法，既培养了学生思维的深刻性，又启发了学生思维的灵活性，更能激发其创新意识。

当然，教师不能在一味地追求创新，还要根据实际的教学内容、学生的自身情况来选择提问的类型，有效地将探究型、创新型的问题与理解识记型问题相结合。

3. 控制教学节奏，保证待答时间

（1）学会耐心等待，给予学生思考时间

小学数学教师在课堂教学中要对教学提问时间和节奏进行控制。具体来说，包括两种情况：首先，教师在等待学生回答的过程中要有耐心，要留给学生适当充足的待答时间；其次，如果学生在回答问题过程中中断，教师不要急于打断或插话，要耐心听答。

（2）学会倾听，激发学生学习热情

小学数学教师从学生那获得教学信息的一条重要途径就是听取。首先，教师要有倾听的耐心，以便能及时发现学生存在的问题，不打断学生思维；其次，教师要听取学生回答的知识点。听学生回答得是不是符合提问要求、是否准确、全面、有创新。即便学生的回答不全面，教师也要耐心地听完后再做出判断。

4. 侧重启发引导，提高导答技巧

对大多数小学数学教师来说，往往不希望、更不愿意看到学生在回答问题的过程中出现困难或错误。实际上，学生出现的困难或错误可以看出学生是否掌握了教学内容，也是教师检验学生是否理解问题的途径。当学生回答问题出现障碍时，小学数学教师可以从以下两个方面进行引导：

首先，小学数学教师要从领会问题实质入手，帮助学生学会审题，引导学生科学作答。教师需要先复查学生是否听清楚问题、是否听明白问题的意思。如果学生没有完全理解题的意思，教师要帮助他。教师可以从以下几点来引导学生理解题意：第一，依照问题的基本成分来分解问题情境；第二，让学生抓住问题中的关键信息（如词句、符号等）；第三，让学生注意到整体与部分之间的逻辑关系①。

其次，教师要根据学生的个体差异，施展导答技巧。对基础掌握牢固的学生，当他们回答出现障碍时，教师可以采用复习巩固、探询的导答方式进行引导，把应答与学生已学的知识相联系，进而解决问题②。而对于基础掌握薄弱的学生，教师可以选择缩小思考范围，给学生提供部分答案，还可以通过直观的材料让其进行思考。

5. 丰富评价方式，提升评价质量

（1）丰富评价方式，由单一化转向多样化

小学数学教师在课堂教学中采用评价的主要目的是：全面地了解学生在数学课堂上学习数学的过程与结果，进而激励学生学习数学。

小学数学课堂上，教师不但可以对学生的回答作出评价，除此之外还

---

① 杨庆余. 小学数学课程与教学 [M]. 北京：中国人民大学出版社，2010：208-210.
② 柳晓丹. 优秀数学教师的课堂提问研究——教学事件的视角 [D]：[硕士学位论文]. 上海：华东师范大学，2011：50-54.

可以采用生生互评、学生自评的方式进行评价。生生互评这种评价方式有利于教师更早地发现学生在学习中存在的共性问题，并且促进生生之间相互学习，更好地锻炼学生数学语言的表达能力。学生自评这种评价方式可以让学生及时发现自身的优点与不足，并且及时地修正和完善自我。然而，小学生的认知能力是有限的，教师在采用生生互评和学生自评这两种评价方式的基础上，也要给予适当的评价。除此之外，教师还可以适当地采用物质奖励。小学数学教师结合多种评价方式对学生进行评价，学生的学习积极性也会随之提升。

（2）及时恰当评价，提升评价质量

小学数学教师采用正确评价，适当的表扬能够激发学生学习的上进心。数学课堂教学中，积极的评价往往更有助于改进学生的行为[①]。所以，当教师提问结束后，教师应及时对学生的回答进行适当的反馈。小学数学教师在评价的过程中要把握好"度"，对学生的评价要有一定的根据[②]。所以，教师的评价不仅要让学生了解到自身的不足，又不可以打消学生学习的积极性。

小学数学教师针对学生的回答的评价要从学生的一般能力（观察、应用、表达、理解和思考能力等）、数学能力（运算、空间想象和推理能力等）这两个维度来进行[③]。对于学生不正确的答案，有时甚至是有些幼稚的回答，教师要做到不嘲笑、不讽刺，更不能把表扬停留在形式上，比如"你真棒""回答得不错"等类似的宏观的话。教师在评价时要说清楚学生的答案好在哪或者错在哪，评价要有指向性、针对性。这样，同学们才更知道自己的学习情况和对知识的掌握程度。

此外，当学生和教师的意见发生冲突的时候，不论谁对谁错，教师都

① 李一婷．小学数学教师理答行为的研究［D］：［硕士学位论文］．南京：南京师范大学，2011：31-34.

② 袁玉芹．提升教师课堂提问效能的策略研究——以小学数学课堂教学为例［D］：［硕士学位论文］．重庆：西南大学，2013：48.

③ 杜静．小学数学课堂教师提问策略的研究［D］：［硕士学位论文］．烟台：鲁东大学，2014：31.

应该先表扬学生这种敢于发出质疑声音的勇气与态度。学生对的地方，教师进行采纳和表扬，相反则给予纠正。如果教师不能说服学生，可以让学生保留意见，不能强制学生顺从自己。

6. 扎实教学反思，提升提问素养

（1）侧重学生视角，勤于教学反思

教师在进行课堂教学反思时，必须要从学生的角度出发。教师需要利用课后的时间多与学生进行沟通，让学生充分表达自己的意见，可以从小学数学教师提出的问题类型、发问的形式、导答阶段的表现和结问阶段的表现等方面给予建议。而后，根据学生的意见，教师再不断地进行自身提问技能的加强训练。此外，教师还可以写教学反思日记，在记录的过程中可以及时地发现自己在课堂提问过程中存在的一些不足，且教师能根据自己的不足有针对性地提出解决对策，长此以往，小学数学教师可以通过这样的方式不断地提高自身的提问技能，进而更好地进行数学教学。

（2）拓展学习渠道，提升提问素养

要想拥有并掌握更好的提问技能，小学数学教师首先要具备良好的提问素养。因此，小学数学教师要结合多种学习方式来提升自己的提问素养。

首先，小学数学教师要多观摩、常鉴赏名师名家的课程。有重点地研究名师名家在小学数学课堂教学中是如何提问的，领会他们提问素养的内涵。通过汲取、借鉴这些优秀的、特级的小学数学教师所具备的提问素养，从而提升自身的提问素养。

其次，教师还可以通过参加一系列的教研活动，来提升自身的提问素养。参与数学教研活动时，教师要积极向经验丰富的优秀教师请教、学习，从这些教学经验丰富的教师身上，去了解他们所具备的提问素养。通过数学教研活动这个平台，可以促进小学数学教师之间的沟通交流、共同学习，进而来提升自身的提问素养。

最后，小学数学教师还需要积极参与到教学技能专业培训中来，大量阅读有关教师提问技能方面的书籍，以便丰富自身的理论素养。教师不断地通过理论的学习，以丰富的理论为学习基础，为了以后在小学数学课堂教学实践中提高自身的提问素养。

总之，提问技能在小学数学课堂教学中有效运用的关键点在于教师提问素养的提升。所以，我们作为一线的小学数学教师，更要重视对自身提问素养的提升。

第三章

小学语文教师板书技能研究

　　板书作为教师课堂上的一种非常重要的辅助手段，愈发受到学生家长的重视。在当今科学领域的不断突破下，新时代多媒体被大众广泛使用，而传统教学板书的地位正遭受前所未有的挑战与冲击，甚至有一些研究数据表明，板书手段在一些课堂上已经完全被现代化的教学所取代，但是板书作为教师的一项必备教学技能，仍然是板书教学中不可替代的一项，这些知识的获取，需要小学语文老师板书示范，才能使学生在小学语文课堂上对于拼读、写字、认生字、口语交际等内容熟练掌握。因此，教师对于板书技能的研讨，决定了教师书写的板书在课堂教学中的地位。

一、小学语文教师板书技能的相关概述

（一）概念界定

1. 板书

"板书"有动词和名词两种属性，所以也有两种含义。

　　首先，"板书"可作动词，即在黑板上写字。其次，"板书"也可作名词，即黑板上的字。把原有的定义结合起来，将"板书"定义为：教师以

符号、文字、图表等教学形式，配合其他教学手段，将知识信息传递给学生，在教学活动中以板书的形式在黑板上进行。

2. 板书技能

笔者对比了一下板书技法的定义后发现，研究者们对于板书技法的解读仅仅是侧重点不同而已，区别并不是很大。综上所述，"板书技巧"可以定义为：教师在课前将系统、条理的教学内容，通过精心设计的板书教学形式，以简单的知识网络架构，帮助学生强化记忆、把握知识的侧重点，在课堂上利用简洁的文字语言、线框、符号、图画等直感的方式呈现给同学们的教学行为，揭示了教学规律与知识体系的相互联系。

3. 小学语文教师板书技能

小学语文教师板书技能的概念是从小学语文学科和收集的板书技能资料两方面综合来界定的。《小学语文教师板书技法》中指出，小学语文教师板书技能是小学语文老师在课堂上，将教学思路、知识信息等板书元素，如文字、图像、符号等，结合学生的年龄特点和教学目标，写成板书，在黑板上传达给学生。

（1）板书技能的理论基础

①记忆原理

人脑的记忆过程是一种心理过程，对信息进行输入，登记编码，将其内化，提炼而成。教师的板书可以帮助学生输入和提取信息，而教师精心设计的板书则可以帮助学生扩大短期记忆容量，并且可以在长时间的记忆中储存编码好的信息。

板书对学生来说，从无意识记忆向意识记忆、机械记忆，再向意义识记的过渡，都有一定的提升。教师需要用板书帮助学生记忆知识，并在理解的基础上形成技能，学生才能在课堂上对知识进行有意识的记忆。同时，学生在学习过程中也应该进行机械记忆，而教学板书有助于帮助学生构建事件之间的内在联系，让学生记忆知识材料的效率更高，所以，有效地使用板书，可以让学生的思维活跃起来，记忆加深。

小学语文教师可以在课堂教学过程中向同学教授记忆策略。首先，心理学研究表明，学生对单字的记忆能力，并不像对某一段文字那样有很好的记忆效果。所以，语文教师完全可以把单独的知识要点组合成体系的知识，这样才能保证持久地进行记忆。再而，"教学板书"利用了人类记忆的生理机能：人类记忆一共有两个信号活动系统，从该方面来说，人类的大脑除可以在不同事物之间产生短暂的联系外，同时还可以在词与词之间搭建起桥梁。这就要求老师在板书的设计上，要选用浓缩程度较高的文字，并配以图文并茂的文字等加以说明，这样学生的记忆活动就不能随心所欲地进行了。最后，在小学语文教学中有许多实例可以证明图像比文字更有利于学生的记忆，例如，有些词汇较为生涩难懂，如果把词汇转变成图像则比较容易记忆了；在记忆教材中的人物名字时，用人物的图像代替文字描述会更容易记忆等。因此，小学语文教师恰当运用板画教学会使小学生对教材内容理解更透彻，记忆更牢固。

归纳起来，小学语文老师应该通过板书把课本上的每一个内容要点联系起来，利用板书帮助学生记忆。同时，教师也要帮助学生进行个性化的知识建设，如复述、详述等策略。

②直观学原理

被学界广泛关注和承认的直观教学法，成为了小学课堂中使用频次最高的授课方法。直观教学法是由感性认识逐步跨越到理性认识的过程，而板书又能及时帮助学生将听觉资料转化为视觉资料，所以直观性强。

小学语文教师在揭示现象、事物的本质之前，一定要用最有效、最常用的教学手段之一的直观教学法做铺垫。小学高年级语文课本内容较为抽象，需要教师运用板书这一直观的教学手段，对生理脉络的学习和对课本的把握起到一定的帮助作用。同样的道理，小学低年级也适用于直观形象的板书，形象生动的教学板书更容易吸引低年级的小学生。所以，不管是哪种学习阶段，多一点还是少一点，都是需要直观形象的。

作者认为，小学语文教师对板书使用的熟练程度，将直接反映小学语文教师对理论知识的理解和对板书技能的基本掌握程度。小学语文教师在教学中，能运用文字、符号、线条、图像创设符合教学内容的情境，使新事物、新现象与学生思维紧密相连。此外，教师需要向课堂上不可能接触到一切事物和现象的学生传授自己的社会经验和生存技能，这就要求教师引导学生认识事物，通过形象化、直观化的方式去理解事物之间的联系，最终达到透过现象看本质的目的。它的作用主要有两个：一是帮助学生对事物或现象初步形成整体感知，对抽象的概念思维进行弥补；二是帮助学生感性认识的日益丰富和提高，激发学生的知识性活动。

（2）板书技能的要素分解

①板书的设计技能

板书设计技能主要是指教师预先对需要掌握的教学内容进行选择、安排、设计的技能。板书有以下几类：提纲式、纲目式、表格式、线索式、联系式等，其形式种类繁多。经过老师精心设计的板书，不仅可以对课本上的主要内容进行凝练概括，还可以对学生的思维逻辑进行启发。对于实战性极强的一线小学语文老师而言，板书设计技巧的训练更应该加强。

小学语文教师应当把握板书的基本类型，这样莘莘学子在认识板书的时候会起到一定的设计成效。板书同样分为正副两类。主板书是教学内容和教学目标的体现，记录重、难点以及主体内容，往往会保留到一节课的结束；副板书起辅助次要的作用，教师可以自己把握教材成分擦去或保留至本节课下课。主板书占用空间较大，位于板书的正中间位置，板书的两侧则是副板书，占用空间较小的位置。依据资料记载：课时，学生观察频次最多的位置是黑板的左上角位置，黑板右下方是学生观察次数最少的地方。所以，在板书不太多的情况下，对于帮助学生在课堂上观摩学习的板书，老师最好安排在黑板左上方的位置。教师在设计板书时，应先把副板书的位置留出来，或为防备不时之需，事先把副板书的内容设计好。

板书设计作为一种新产生的活动，同时也要对教材的内容展开想象再创作。教师应先挖掘教材，了解并考察学生的心理需求、情绪起伏、知识层次等，再进行板书的设计，使板书的设计针对性更强。

板书可以设计多种风格，小学语文教师要从各类板书中精心挑出一种最适合学生的进行展示。小学语文教师要对板书的类型进行慎重筛选，使烦琐的知识点有条理、成系统，方可使学生掌握知识点，从而提高教学效率，相信这样会栽培出喜欢语文的小学生。

②板书的书写技能

这里的板书书写技能更侧重于板书的实用书写技巧，小学语文老师要争取能写出可以让学生追崇和临摹的板书，这对于语文教学效果的提高有一定的推助。粉笔字的写法是老师应该掌握的。由于粉笔不同于毛笔、钢笔，粉笔易碎、短小、易磨损，所以老师在写板书的时候要注意把粉笔转起来，笔身要和黑板呈30°角移动书写，手臂弯曲成直角移动，手臂和手肘、手腕要注意紧密配合。粉笔书写要比钢笔书写更加困难，小学语文教师只有经过反复练习，到书写时才能得心应手。

教师板书书写，必须遵从字顺、笔顺的规矩。有关研究显示，"板书"对学生在书写和练习中出现的典型错误，可以起到弥补听力和注意力不足的作用。所以小学语文老师写板书是有模范带头作用的，也是有导向力的。部分小学语文老师期望自己的板书给学生带来美的享受，达到板书书写的基准。教师要具备可以按照教学内容的要求选择合适字体来体现出不同的教学情境的能力，想要博得小学生的眼球，可以选择不同的板书字体。

③板画的绘制技能

"板画"又叫做笔画、黑板画，是教师利用不同景、事、人物形象或内在关联，在短时间中，用整洁的线条在课堂上进行极度涵盖地勾画出来的一种方式。"板画"的作画要符合学生的审美情趣，使学生慢慢具有想象力和创造性。小学语文老师对板画的画法要求有三点：第一，板画内容要突出课本内容，要做到不能出现逻辑性错误，但也不要无所不包，因为这样的做法会把小学生的头绪扰乱。第二，板画的画法，速度一定要快。第三，板画的画法要漂亮、简练。在绘制过程中，小学语文老师大多数都会用到各种画具，小学语文教师根据教学需要制作绘制工具来加强板画的准确性，提升板画整体的美感。

综上所述，小学教师不仅要明确有关板书技能的理论知识，还要了解板书技能为教学所带来的积极效果。

二、小学语文教师板书技能的研究述评

（一）国外的相关研究

1. 有关黑板的研究

对于板书的记录早在 19 世纪初就已显现，也被视为课堂教学与板书的初步形成。1809 年在美国费拉德尔菲亚（即今费城）出版的算数书上这样描述："三尺见方的木板，涂上墨汁，置于适宜的位置悬挂。班上的同学们，都围着它学起来了。"[①] 1813—1814 年，亨利·巴纳德（HenryBarnard）在波士顿的一所算术学校里第一次展现了实物黑板的情景："一进教室，一块巨大的黑板挂在墙上，让我大吃一惊。一束粉笔，在黑板下面的槽子里。这样的话，过去我从来没有听过。"这表明，在 19 世纪早期，黑板粉笔用于教学在美国的学校教育中已经开始流行。到了 19 世纪晚期，教室物理空间开始科学化的进程，教室空间的通常的长方形设计、固定的秧田式的学生座位以及普通平民学校中黑板的普及都显示出这一时期对效率的需要和追求。现在，西方不仅关注黑板，还重视教室的个性化布置，"西方教室个性化布局的成功经验与先进做法均表明，建设学科教室与重设教室墙面通过学习空间为学生提供个性化的信号刺激，进而塑造学生的元认知思维"[②]。

2. 有关板书的研究

具有探讨价值的美苏板书，在 20 世纪 60 年代后有了飞跃式的进展。

---

① 王松泉．语文板书教学及板书学研究概述［J］．绍兴师专学报（社会科学版），1989（2）：43-48.
② 林林．教室空间布局中的生活化、个性化探索［J］．教育理论与实践，2019（20）.

美国板书研究最具代表性的案例就是"缅因州实验"。在该实验中，老师需要学生按照自己提出的重点内容，自己画出图表，知识点规整，或者是老师同学生一起创作完成。实验结论证明，这样的教学方式不仅锻炼了学生动手操作的能力，也充分锻炼了学生对于问题的分析归纳能力。

苏联则侧重于大纲图示类板书的研究，60年代末，苏联教育家沙塔洛夫首次展示了一种直观性极强的图示教学法——"纲要信号"图示法，该方法由数字、文字、字母等元素组成。它与"大纲"法的区别是："大纲"法使学生一眼就能看清楚所学知识的具体内容及其逻辑结构，而"纲要信号"图解方法只包含了一些字母、单词、数字这些粗浅的内容，并不能直观地对教学内容进行理解掌握，只有通过老师的讲解，才能让学生更加全面、完整地理解授课内容。同学们在课后巩固复习的过程中，只要一看到"纲要信号"，就能最终达到串讲知识的效果。图示"纲要信号"的教学方法既具有直观教学的特征，又具有具体符号可以涵盖抽象意义上的特征。这说明，只有把这两者的特点联系起来，才能让学生对抽象知识有一个认识，才能使学生的逻辑思维能力得到锻炼。

为我国建立板书学提供经验和理论依据的国家，除美、苏外，还有不少，如英、法、日等国。虽然国外对于板书的教学研究在19世纪中叶都没有明显的进步，但却为他们的板书积累了宝贵的经验。在这期间，各个国家都相继开始尝试用黑板推进教学，这是我国板书形成前的一个非常关键的准备阶段。

(二) 国内的相关研究

1. 板书的发展历程

我国板书出现在清朝末年，《奏定学堂章程》颁布后，班级授课式教学广泛出现，课上才出现板书，随之出现的还有板书教学。

我国板书之学早在东汉时就有记载，"在古代《后汉书·礼仪志》的史籍中曾这样记载：'召太史令各板书，封以皂囊，送西陛。'"① 这里的"版书"是指将奏折写在板上，与我们现在解释的"版书"大相径庭，但还是有一定的联系，那就是都是在板面上写的。

我国真正的板书研究是从民国时期才开始的。1912 年，师范生掌握"板书书写"的要求，在《师范学堂章程》和《师范学堂告知书》的公告中都有。因此教师板书也有了新的约束标准。直到 1941 年 8 月，在《中学国文教学法》的出世下，以展示文章的结构层次为目的，设计出了两幅纲举式的板书示例图表，由此学者们对国文教学板书设计的研究的重视程度也逐渐加大。

1949 年以后，各地各校都把主要精力放在研究教学用的板书上。由于受普希金教授法的影响，老师们也开始意识到教学板书是一种十分有效的手段，教学板书对教师的教学起到了很好的促进作用。在黑板上写下上课时的内容，以便学生作好记录。这个时候板书的学习比以前又有了新的进步，学校为了板书的学习也开始组建了一个教研组。虽然，当时有关板书的研究范畴较为狭隘，但却受到学界的关注和重视，通过不断借鉴、吸收国外的板书研究成果来开拓板书学的视角。

到 20 世纪 70 年代以后，由于第三次工业革命，以幻灯片和投影仪为主导的电化教育手段被广泛运用到教学过程中。"特别是近年来伴随着多媒体教学手段的普及、智慧课堂的兴起，以传统板书为教学形式的教学手段逐渐失去生存的魅力，在新传媒的冲击下被遗弃，退却了主角的光环。"②

2. 关于板书作用的研究

学者王雷指出："即使没有听课，凭借板书的内容，大概可以了解这节课的框架、眉目。起到'窥一斑而见全豹'的作用。可以说，板书是一节课的灵魂、根本。板书，'一直以其简洁、形象、便于记忆等特点深受

① 李晓云. 现代教育技术下的语文板书教学研究 [D]. 长春：东北师范大学，2011. 3.
② 张伟，孙喆. 隐忧与消解：现代教育技术催逼下传统板书的功能审思与改进路径 [J]. 基础教育. 2022，19（3）：80.

教师和学生的喜爱，是提高课堂教学质量的有力措施之一。'"① 因此，板书的作用主要表现在："1. 落实教学计划，体现教学意图；2. 便于提纲挈领，理清全文脉络；3. 深化课文内容，突出教学重点；4. 加深学生印象；5. 有利于训练学生思维，集中注意力；6. 有利于增强学习效果，巩固记忆；7. 提高教学效率，节省学习时间。"

教学板书可以："1. 增强记忆效果，弥补教师缺陷；2. 操作灵活简单，呈现形象直观；3. 突出教学重点，提高教学质量。"当然，任何事情都有好处，也有局限，不能光看到教课板书的正面，也要看到它的局限性：板书应与其他教学手段一起在课堂上使用；板书再怎么重要，课本也不能被代替；备课可以形成板书，但不可代替备课的过程。所以，教师在教学活动中，对板书的使用要适时、恰当，课堂教学中不能夸大其功效和作用。

3. 关于板书技能定义的研究

研究者对板书技能的定义也是不尽相同，主要指以下三个方面：一是板书在课堂上的作用，二是板书构件使用，三是板书设计形式，这些均为板书技能定义的设定。

板书技巧的重点在于研究教学活动的方法。按《现代汉语词典》中的解释，板书中有名词和动词两种意思。"板书"作名词，可以解释成"板上所书"，即教师写在板书上的文字、符号、所画的图示等内容；板书作动词时板书可以解释成"在板上书"，即教师在黑板上写出所设计内容的动作。

板书功底重在考察老师的表达能力。例如李如密老师的《教学艺术论》中给板书技能下的定义是：教学板书，是教师教学时在黑板上，根据当节课内容的需求，用语言、符号传递意思的一种行为，是一种首要的教学手段，与此同时也是教师常用的形式表现，利用了视觉进行信息传递，

---

① 梁凤葵 . 论板书在课堂教学中的作用 [J]. 社会科学 II 辑 . 广东职业技术教育与研究 . 2017（4）.

是最简单的教学方法。李老师的观点是，板书技巧的外在表现形式要从老师的角度去阐述。

板书技巧的学习重点在于教学行为模式的学习。板书技巧，在李颖老师的《中学语文微格教学教程》一书中的定义是：教师将教学内容通过文字和图像等方式在黑板上传递给学生的教学活动，使知识简明扼要和系统化，从而达到强化学生记忆、帮助学生准确理解教材意图以及帮助教师提高教学效率的目的。李老师的着眼点在于板书技巧的作用与功能。

板书技巧重点研究板书技巧的教学效果，研究视角比较客观的是严先元，他认为课堂教学是进行信息传递的一个过程，这个过程要靠老师和学生之间的口头语、老师的书面语以及老师对板书的使用相互结合才能达到，同时各要素之间又是相得益彰的关系。严先元更强调，板书仅仅是作为辅助手段，来达到教学目的，切忌单独使用，须与其他教学手段彼此协同，才能取得令人满意的成效。

三、小学语文教师板书技能的应用研究

（一）小学语文教师板书技能存在的问题

1. 小学语文教师板书设计吸引力不足，学生难以融入其中

（1）板书设计缺乏创新意识

教师板书在小学语文课堂更是创造了一种创造精神产品的活动。小学生具有丰富的想象力、创造力和活跃的思维，所以小学语文老师需要在课堂上为学生创造一种具有启发性和创造性的教学氛围，而教学板书阶段刚好能展示出这种"氛围"，正是检验老师教学智慧的"氛围"。因此，小学语文教师应不断增强板书设计创作的意识，尽量在准备课程中设计多种多样的板书，这样才能使教学最终取得最好的成绩。

由于小学语文教师的日常工作烦琐，在日常教师板书制作上，必定没有足够的精力，不够完善，创新不够多。现在的小学语文教师会想要节约时间和节省力气，选择过分依赖教学参考书，一味按部就班，这样会造成板书设计内容味同嚼蜡、一成不变、缺乏新颖等现象的发生。

（2）学生参与板书设计的机会和比重少

小学语文教师在课堂上多次使用多媒体课件进行教学的互动过程，属于学生与计算机单向交流的教学过程。而小学语文老师写板书授课，是双向的沟通，甚至是多方位的沟通，学生之间、文本之间、老师之间都是如此。学生是教育教学过程中的主体，学生的真实想法、学习状况等都能在板书设计过程中体现出来，这对小学语文老师的"传道解惑"起到了一定的帮助作用。

出现这种学生参与板书设计的机会和比例较少的现象，也许是由于小学语文老师担心教学进度延迟的缘故，教学板书的设计基本上都是小学语文老师一人独揽，小学语文老师在板书设计的过程中不会让学生参与，所以小学生的主体地位并没有体现出来，板书设计的过程需要突出学生的主体地位，促使每个学生都能得到全面发展。研究者童敏指出：板书设计还应注意预设和生成的统一，给学生板书以一定的机会和空间，教师应在学生提出合理性、创新性的理解和看法时，欣然采纳，把学生的聪明才智体现在板书上。师生在智慧交融中合作生成的板书，才是真正意义上的创意板书。教师要在教学过程中巧妙地运用板书，使学生对教材内容加深理解，从而提高学生的学习成绩和学习效率。

2. 小学语文老师板书书写不够美观，与教学活动的配合不协调

（1）板书字体和版面结构缺乏美感

小学语文教师的板书基本能达到板书书写的基本要求和标准，虽然内容不同，字体各异。小学语文老师的板书示范，能给学生做出表率，并能做到字体工整，字迹清楚、端正。但板书的写法在美感上还是有欠缺的。

（2）板书与讲授配合不协调

小学语文教师板书书写与讲解的配合方式可分为：先说明后板书、边说明边板书、先板书后说明。小学语文老师在教学过程中最常用到的就是边讲边配合的方式，这种方式的优点很多，比如可以很好地控制板书和课堂，吸引学生的关注，激发他们的学习兴趣。

教师如果不能很好地展示和说明板书，会产生很严重的负面影响，不利于学生学习。选择采用先说明后板书的方式，能着重突出板书的导向功能；选择先写后讲的协调方式，能凸显对板书的重视；边写边谈，能使学生积极地参与其中，作为一种博人眼球的极佳方式。

3. 小学语文老师板书画色单一，板画比例不高

（1）板书绘制色彩单调缺乏活力

小学语文教师在教学过程中，如果频繁单一地使用黑白相间的板书，在色彩上会呈现给学生一种严肃的感受，也会使学生的大脑皮层运动感到压抑，最终导致小学语文课堂气氛低压沉闷，学生思维迟钝、呆板，教学效果也会因此而受到影响。

在小学语文课堂上，教师对板画的合理与巧妙的应用可以帮助学生的想象力和创造力的发展，对教学情境的营造和课堂气氛的烘托也会起到一定的帮助。当然，彩色粉笔的灵活运用和合理搭配，也是小学语文老师常常忽略的地方。

（2）小学语文老师板画设计画力不足，板画使用率不高

以直观简笔画为切入点，将文字优美、内容丰富、趣味性强的小学语文教材与图示相结合，达到寓教于乐、融会贯通的目的，能极大提高课堂气氛的活跃度。小学语文老师的板书要在黑板上简明扼要地画出课本上的东西的形态、意境。老师用画板的时间要短，在极短的时间内，同学们精神会高度集中。小学语文老师上课时可以把板画的内容画出来、设计出来，因此，在教学过程中不要忽略了板画的正面作用。

4. 小学语文板书的学科特征不突出

小学语文板书缺少人文底蕴

语文教学的人文性，是指学生在习得语文基础知识和基本技能后，以建立文化、社会、自然、科学的联系，这对于学生的世界观、价值观的形成有一定的帮助，对培养学生的个性和人格更为关键。不足之处主要有：

首先，大部分的语文板书都是小学语文老师独揽的，与学生自主、合作、探究的学习方式初衷相违背，学生主动参与板书的设计和写作的机会较少。

其次，对于板书设计，同学们的反响是不一样的，一千个读者，就有一千个哈姆雷特，学生不仅要理解和吸收板书，更要有创造和探究的精神，因此，小学语文教学板书的设计应该是让小学生主动参与，他们独有的体验是要被尊重的。

最后，语文在生活中无处不在，所以语文教学资源也就无所不在。板书设计在小学语文教学过程中，应改为让每个学生都能自己设计板书的开放性、自主性、生机性、人文性的模式。当然，小学生也可以通过板书设计这一教学资源，主动向教师提出板书设计的要求，让学生开阔眼界。

（二）小学语文老师的板书功底出问题的原因

深入分析和探究问题，从根源上加以剖析，是非常必要的。可以从以下四个角度来探讨：第一，自主练习板书技巧的老师基本素质；第二，老师对板书功底的态度；第三，开展板书技巧培训；第四，小学教师板书使用高科技手段带来的冲击。

1. 小学语文老师板书技能训练不全面

小学语文教师对板书技能的掌握，既可以作为小学语文教师工作态度的一种体现，也可以作为衡量其业务水平的一个重要因素。板书功底的运用过程，不仅是小学语文老师展现个性魅力的过程，更重要的是老师审美能力的提高过程。小学语文老师应认真对待板书技艺，在发展自己的专业技能水平的同时，也要领悟到中国文化的魅力。

多数小学语文老师仍然片面地掌握板书技能方面的理论知识，系统性不够。小学语文教师并不知道板书技巧可以分为设计技巧、书写技巧和绘画技巧等多个方面，小学语文教师要注重对板书内容进行练习，但不能片面地只追求板书练习。有些老师连板书的技巧练习都不当成日常教育教学的实操训练，这种做法很不可取。

教师要想有进一步参与讨论的科研行为，就必须对板书价值的理论有全面系统的掌握，还要对板书技能进行科学系统的实践。当然，有一小部分小学语文老师对板书的处理也是值得我们学习与借鉴的，这些老师本身就善于学习板书技巧的理论知识，也积极响应学校组织的板书技能教育和比赛，该类小学语文老师不仅具备对板书技能的教学价值，还有除教学价值以外的其他价值，他们对板书技能的教学价值是通过板书对教学问题创设情境，让学生在感受中华文化博大精深的同时，领悟中华语言文字的精髓所在，通过板书的形式，融学于趣。

正是由于小学语文老师们对待板书的态度大相径庭，才会造成老师们在板书上良莠掺杂、迥异悬殊的技巧水平。这就要求一些小学语文老师端正态度，把每天、每次的常规课当成公开课来对待，时间久了，板书的技能程度就提高了，板书的价值也就慢慢显露出来了。

2. 小学语文老师参加板书培训的热情不高

提高教师的专业素养对教学质量是非常关键的。而板书技能，对于小学语文教师而言，更是一项必须掌握的教学基本功，是教师专业素养的重要体现。

在板书技巧的练习中，更多的小学语文教师将重点放在板书书写的练习，而对板书设计进行反复钻研和创新练习的小学语文教师只占很少的一部分，这就造成了板书在课堂上形式相对单一的教学，同时也会造成学生缺乏对语文学习的积极性。作者认为，一些小学语文教师应觉察到长期的板书设计训练对小学语文教学会产生间接或直接的正面影响，以此提高板书设计技能训练的自觉性和积极性。板书设计技巧这一有效资源，如果不能充分运用，就太可惜了。只有很小一部分的小学教师会在课堂上进行板书绘制，这就说明小学语文教师还不知道板书绘制会使一节课事半功倍。精心设计的板书绘图，会使学生的审美能力得到提高，同时也陶冶了情操，净化了心灵。

大部分小学语文老师每天都因为工作繁忙，很少有多余的精力和时间去练习板书技巧，对于主动强化板书技巧这一块，老师们自己也缺乏主动的意识。小学语文老师应在课余时间系统全面地练习板书技巧，除了书写技巧，其他方面的板书技巧也不能忽略。

综上，小学语文教师主动练习板书技能的积极性匮乏，是导致教学板书技能无法得到全面、显著提高的原因。"积极性不够"主要表现在两个方面：一、小学语文教师在思想上不能积极自主深入地了解和钻研板书技能，不能合理调配学生们的主观能动性；二、在动作上，小学语文教师匮乏综合、科学、系统地练习板书的技巧。

3. 参与板书技能的学习和培训，教师接受学校培训的机会较少

教师良好的专业素质，是学校培养高质量人才的重要因素，板书技能既是评定教学质量优劣的一个环节，也是评判教师业务水平程度的一个重要环节，板书技能是教学技能中的一个重要因素。大部分小学语文老师都会接受学校组织的板书技能培训，时间大概在一个月左右，有的半个月左右就会接受一次，一周左右接受一次的只占一小部分。这说明，学校组织板书技能培训的机会很少，缺乏相互学习交流的氛围，教师想要高效、全面地提高板书技能。作者以为，小学语文青年教师的板书技能培训，学校应该着重给予机会。对于学校每周都会安排的，小学语文教师板书技能培训和讨论，没有得到很好的落实，反而被其他教学时间所占用。张伟说："开展教师板书技能培训，以增强教师板书设计意识和板书设计能力。充分发挥"国培计划"的作用，在项目中加强对板书理论的讲解以及开展板

书设计的训练，丰富多样性，提高规范性。"① 学校做的不足之处主要表现在：

板书技能培训现在还没有得到学校的重视，而且对其制度工作做得还有所欠缺，导致教师板书技能培训没有实现制度化、常态化。学校要开设培训机构，组织专门部门进行负责与管理，规定时间更新，对新老教师进行板书技能培训，然后着重看教师的培训结果并进行分析，板书技能培训形式等也要创新。

学校教学的基层组织还不够健全，较少有培训活动，组织小学语文教师进行板书技能的交流和研讨。要想树立良好的教学理念和形成良好的教学能力，教学比拼研讨是最好的方式，但现实生活中却做得还不够好。

对于小学语文教师的板书技能培训，学校的宣传力度不足。小学语文教师应在板书技能的学习中，更新自己的教学理念，积极主动地参与其中，这对教师业务能力和水平的提高都是有益的。

4. 利用多媒体课件侵占教辅资料的使用空间

随着现代多媒体的快速发展，小学语文课堂已经广泛使用多媒体。之所以众多师生热衷于多媒体教学手段，主要有三个方面的原因：其一，由于多媒体课件可以填充传统板书需要改进的地方，能够更快地将小学生带入教学情境，再加上有学生感兴趣的课件画面，多媒体课件所抒发的情感会更丰富、更直接，在小学低年级学生中很受欢迎。其二，由于小学语文教师操作多媒体技术的方式越来越熟练。其三，由于多媒体课件的制作和使用比传统板书更为方便，避免了沾满灰尘，去除了小学语文老师的心头之患。部分资料反映：个别课堂存在多媒体课件代替传统板书的错误做法。现在的小学语文教师在教学过程中可以做到将传统板书和多媒体课件相融合，但仍存在运用不熟练的情况，使多媒体课件部分占用了传统板书的使用空间，也使得小学语文教师对板书技能水平提高的必要动机降低，

① 张伟，孙喆. 隐忧与消解：现代教育技术催逼下传统板书的功能审思与改进路径［J］. 基础教育.2022，19（3）：87.

最终导致小学语文教师不再追求自己专业技能的局面。

使用多媒体，多多少少会对传统的板书会造成一定的挑战，当然对教育教学也会造成一定的负面作用。例如板书内容残缺，内容随意，甚至会出现整堂课都没有板书的情况。"在当前的课堂教学中，多媒体技术代替传统板书成为教师与学生间交流的介质，师生通过屏幕呈现进行知识传授、教学组织和作业布置已成常态。学生不再需要课本和关注板书，仅仅只用盯着大屏幕，随着老师逐页翻看。教师的板书变得无足轻重，'点击鼠标、手持翻页笔'的教学行为取代了传统板书手段下的自由书写。"① 如果小学语文教师对多媒体课件过分依赖，忽视了传统板书的作用，那么，对小学生的学习就会造成不良影响，从而造成课堂教学质量的下降。

（三）小学语文老师板书功底问题的改善对策

提高教学质量的关键是提升教师的板书能力，因为在课堂中，教师板书是小学生获取重要知识和形成技能的主要依据。相应的改进意见如下：

1. 遵照板书设计流程"试—创—选"，突出学生主体地位

（1）实施充分展示教学意图的"尝试—创造—精选"设计方法

板书的形式是分门别类的，从不同的角度来说，板书的形式也是各有不同的。语文教师必须贴合教案，钻研教材，适当选用板书形式，才能有效地完成整个教学意图，才能使板书发挥出最好的教学效果。板书设计包括的形式、使用特点等，小学语文老师应该了解。板书可分为提纲式、纲目式、表格式、线索式、联系式、图文式、板图式、图表对比式、分解结构式、对称辐射式等多种书体，其特点如下表所示：

---

① 张伟、孙喆. 隐忧与消解：现代教育技术催逼下传统板书的功能审思与改进路径［J］. 基础教育 . 2022, 19（3）：84.

表 3-1 板书样式分类与特点图表

序号	板书形式分类	特点
1	提纲式	条理清晰，主副关系清楚，对学生理解和记忆有一定的帮助。
2	纲目式	使教学内容层次脉络清晰，有利于学生从整体上把握教学内容。
3	表格式	把纷繁复杂的内容梳理成能够揭示事物特点和本质的简洁框架结构。
4	线索式	指引性强，化整为零，便于对知识的理解、记忆和提炼。
5	联系式	把琐碎的知识系统化，让事物之间的联系一览无余，逻辑思维能力也就培养出来了。
6	图文式	图文并茂，寓教于乐，培养学生的观察力和思考力。
7	板图式	在表达说明事物的发展变化过程上，要比语言好，有时也比单纯插入图画要好。
8	图表对比式	有利于理解不同事物的差异与联系，发现其本质属性。
9	分解结构式	把繁杂的整体知识层层分解成若干知识点，抓住重点，顺着"藤"摸到"瓜"。
10	对称辐射式	多角度联系相关知识，培养学生发散性思维，利用某一知识点为核心。

在小学语文教学中，既能体现知识内容的关联性，又能突出教材的重难点，总-分-总式板书与对比式板书是我们最常见、使用最多的板书形式。总-分-总式板书的优点是概括性强，呈现教材脉络比较清晰，纵向和横向都能体现出教学内容，对分类教材内容有一定的帮助；著名学者乌申斯基说："比较是一切理解和一切思维的基础。我们正是通过比较来了解世界上的一切。"[①] 对比式板书比较适合小学语文教学，小学语文老师在板书设计的时候，应该对教材中的重点内容进行提纯，因为这样会让学生眼

---

① 钟为永. 中学语文板书设计 [M]. 杭州：浙江教育出版社，1985.8，6，8.

前一亮，印刻在脑海中。

（2）充分协调学生参与板书设计的积极性，打破板书由老师主导的局面，由学生参与板书设计

小学语文教师要改变传统的教学理念，尊重学生活跃的思维和富有想象力的创造精神；学生在课前要预习课文，将自己的想法设计成板书，在上课时与同学和教师交流想法，分享自己的设计过程，这样有助于学生逻辑思维的形成。《义务教育语文课程标准》（2022 版）对此明确提出："教师为主导，学生为主体，教学内容丰富多彩，贴近学生实际，突出学生的主体地位。"①

小学语文教学过程中，鼓励学生积极参与板书创作活动是十分有必要的，有助于打破教师一手担任板书教学制作"主导人"的局面，学生在活动中既能呈现各种能力，又能体验到创造的乐趣，让学生享受成功，学生在活动中得到的收获是源源不断的。让学生参与板书设计活动是有迹可循的，不然也不会有老师的提示。"这节课的板书内容希望同学们和我一起完成。"就像苏联的伊犁英老师曾经提起的"黑板零原则"一样，题目并不是老师们空口说出来的，而是在上课的过程中，经过老师和同学们的共同沟通和配合，在黑板上慢慢完成并写出来的。小学语文教师应该尝试让学生自主完成板书创作，这样既能开发学生的智慧潜能，又能让学生打好基础，获得处理信息的能力、终身学习的能力。同时又可以锻炼学生的创造、发展、生存的能力，即使在当今社会的快速发展下，这也是可以完美实现的。同时，学生也要向老师学习，改变传统的学习观念，从被动向主动转变，对教学板书的设计内容进行积极的探索。

2. 注重板书书写水平的提高，在书写和说明上相互协调

（1）以"笔画—偏旁—布局"为重点，纠正板书书写比例结构不够完善的问题

小学语文教师要做到规范地书写和认真地书写，这样会让小学生有学

---

① 中华人民共和国教育部 . 义务教育语文课程标准（2022 年版）［S］，北京：北京师范大学出版社，2022.4.

习的欲望。小学语文教师板书书写技能强化训练，是不断了解汉字基本结构特点，进一步提高书写技能的必要之路。

第一，小学语文老师一定要掌握汉字基本笔画的书写要领。小学语文教师的自身书写也要从严要求，经过提笔、运笔、收笔的过程，要求自己书写工整规范，不要给学生带来辨识上的不便，汉字是讲究横、竖、撇、捺、点、挑、钩、折等基本笔画的。另外，小学语文老师最基本的要求之一就是字要书写正确。

第二，对汉字基本偏旁部首的掌握。汉字具备偏旁部首，小学语文教师应熟练掌握这些偏旁部首的特点和书写规律，并在练习中做到闻一知十，以微知著，这样就能更合理地安排结构。汉字结构具有多样化的特点，因此小学语文老师在练习时要写好每一部分，确定每一部分在一个汉字中所占的比例和准确的位置，并且要针对"心到，眼到，手到"这三个要点，进行不同结构字体的书写强化训练。

第三，小学语文老师也要掌握板书的总体布局。常见的板书布置主要有中心板、两分板、三分板等，教师在布置板书时可根据教学内容的侧重点进行布置。小学语文教师的板书，是以向学生呈现完整清晰的教学内容，板面的整体效果作为最终目标。

（2）总结讲写配合的秘诀，落实板书教学效果

板书都是出现在教学过程中的，在教学中教师要将讲和解相结合，为课堂服务。一般而言，"教学板书"的使用方式灵活多变，不仅可先讲后写，也可先写后讲，也可边讲边写。

先讲后写：在启蒙式教学中比较适用，起到了强化作用。小学语文老师大多数时候以回忆旧知识的方式启发学生思维，或引入重点内容的强化练习，将新知识讲授给学生，此时老师多采用先讲后写的形式进行教学。采用先讲后写的方式，意义在于培养学生对课文内容的逻辑思考能力，加深学生对该课时知识点的理解能力。

先写后讲：小学语文老师平时遇到比较生僻的知识，都会用先写后讲

的办法进行教学。目的是让学生先整体感知某一事物，再细致地说明所讲内容，而且也有特别强调的作用。

边说边写：边说边写的配合形式是小学语文教师在教学中使用最为广泛的一种形式，从教学效果上看，学生们对该方式关注较多，反应强烈，对于激发学生的学习动力有一定的帮助。

3. 强化板书绘图技巧训练，突出板画的形式特点

（1）提高板书色彩表现比例，激发学生的学习兴趣

传统的教学板书是黑白相间的，这样的配色会给学生一种大脑皮质活动易受限制、易受压抑的沉重感和庄重感。因此，小学语文教师可以把小学生的心理特点和认知规律作为重点，将板书赋予色彩，既能从直观上加深学生对知识和技能的理解，使学生潜在的智力开发出来，也可以使板书的色彩更加强烈。小学语文教学中教师使用最多的板书形式是单纯的以文字作为板书和图文式板书，但为其增添色彩是必不可少的，无论是哪种板书类型。采用纯文字型板书，教师为了加深学生印象，强化学生记忆，可以在课上将重点字用彩色粉笔写到黑板上；小学语文老师也可以在重要场所用起强调作用的彩色粉笔进行标注。小学语文教师使用图文式板书，对加深学生对课文内容的理解和印象，可以用彩色粉笔在黑板上勾画人物和事物的特点。

（2）提升板书图像绘制质量，创设课堂教学意境

在小学语文教学中，板书中的图像以简笔画和板画应用得较为普遍。小学语文老师在作画时，应以抓主要特色为主，化繁为简，具体化形象。在形象的绘制上，应以简洁明快的形式为主。一是小学语文老师在作画时，要把小节删掉，把大节保留下来；二是小学语文教师要善于把握事物的特点，把事物有特点的地方画得有模有样、有板有眼；三是小学语文老师对所表现的物象最基本、最独特的特点，可以用夸张的画法进行解读，这样做就起到了画龙点睛的效果。

临摹、涂改、默画是小学语文教师板画训练的主要方式。临摹方法是

指从范画中选择符合教学内容的图样，反复进行临摹；涂改主要是指将写实的画面改为简笔画，化繁为简，这样的训练方式对于小学语文教师来说，如果在绘画上没有什么基础，难度比较大；默画，即对已画过的内容，在反复临摹的基础上进行默画，以达到对物象事物加深认识、加深记忆的目的。当然，小学语文老师应该把与教学内容有关的板画做成挂图，在上课时展示出来，才能不耽误正常的教学任务，在课前就能有所准备。

4. 突出板书的人文性，凸显板书的广泛性

（1）改变观念，把人文性体现在小学语文板书教学的空间上

人文性是小学语文不可忽视的特点之一。小学语文课程人文性的生成过程应直接穿插到教育教学的各个环节活动中，包括教学板书环节。

一是小学语文教师的教学理念要有所改观，学生的学习理念也要有所突破。教学板书的设计或书写是师生相辅相成的，小学语文教师扮演着引导和组织的角色，教学板书这个环节要充分体现学生的创新精神和学习的主观能动性；小学语文课堂上，教师要鼓励小学生主动、积极地参与到板书的设计或书写中来，学生的创新精神和学习的主观能动性要充分体现出来，同时，学生也要勇于对老师的板书提出质疑，表达出自己的想法或与板书不同的见解，老师当然也要合理借鉴学生的建议，对自己和学生给出的板书内容进行适当的修改或补充，使小学生感受到这是一个充满着民主、开放、富有人文气息的小学语文课堂氛围。

二是培养小学生的积极性和创造性思维，积极投入板书设计。小学语文课本内容丰富，形式多样，它的人文内涵会深刻地影响到学生的精神世界，所以学生看板书，除了获取、吸收知识外，更重要的是发现、创造。

最后，通过板书教学，为小学生构建富有人文气息的课程空间。

小学语文教师要将板书这一教学资源充分利用好，学生的时间机会增多，学生的动手能力就会有所提升，视野也会逐渐开阔；教师要更多地培养学生的思维想象力和创造力；小学语文教师要鼓励每一位学生体验自主设计教学板书，积极鼓励学生之间的相互讨论和交流；小学语文教师要鼓

励每一位学生自主挖掘事物的特点，从多个角度、多个侧面对事物的内涵有深入的感悟。

（2）秉持"两方向"延展，拓宽小学语文板书设计视角

由于广域性也同样作为小学语文学科的一项基本特点，因此，广域性也应体现在小学语文教学的各个环节中。对许多事物或现象的认识，通常是通过课上学习语文知识获得的，因为小学生的社会和生活阅历相对有限。因此，小学语文教师在小学语文课上应多给学生一些认识世界的机会，教师的教学板书设计应拓展到学生生活的各个领域，并紧密贴合小学生的实际生活。教师的板书设计要围绕课程目标，贴合教材内容进行，小学语文教师也要善于合理地运用板书将课外有关社会生活的内容辐射到小学生身上，让板书的课外延伸价值充分展现，使小学生对社会更加了解，更加热爱和珍爱生命，相信也能培养起学生对语文的浓厚兴趣。小学语文在不同学科结构领域的教学板书设计也应有所延伸。人类悠久的历史文化和历史经典的传承，是人类最宝贵的精神财富，要靠语言文字来珍藏和传承。小学语文教师要在板书设计过程中充分考虑到各种知识的融会贯通，让学生通过观察板书内容就能够学习与吸收。在教材内容的基础上，把视角投射到其他学科领域的空间，感受到真正能体现板书价值和意义的语文学科的魅力。

第四章
粉笔书写技能研究

　　粉笔书写技能作为教师所必须具备的基本功,是完成教学工作所必需的技能和技巧。粉笔书写技能是每一位小学教师都应该具备的一项基本专业素质。一名老师如果有一手好看的粉笔字,不但能够吸引学生的注意力,增强他们的学习兴趣,提高他们的学习效果,还能够给学生带来美的熏陶。当前,在对小学教师进行粉笔书写技巧的训练方面,仍然存在着许多问题,其中主要有:课程设置水平低下、课时不足、教学方式陈旧、缺少专业的指导。此外,在实际的写作中,还会出现汉字不规范、书写姿态不正确、书写速度缓慢、字体参差不齐等问题,这都是制约小学教师提高粉笔书写技巧的障碍。

一、粉笔书写技能的相关概述

　　粉笔字书写技能是教师技能的基础,教师技能的训练过程也是教师专业化发展的过程。在对教师进行粉笔字培训时,首先要确立的就是粉笔书写技能的内涵以及粉笔书写技能标准的设定。

（一）小学教师粉笔书写技能的内涵

在对教师进行粉笔字书写技能培训的时候，只有对书写技能以及什么是粉笔字书写技能有所理解，才可以对小学教师的粉笔字书写技能的内涵和要求有一个清晰的认识，这样才能更合理地针对小学教师展开粉笔书写技能的培训。

1. 书写技能

1992年国家教委师范司在《高等师范院校学生的教师职业技能训练基本要求（试行稿）》的第一章中，第二条明确规定了"三笔字书写技能训练"，即粉笔字、钢笔字和毛笔字书写技能的训练，并将"三笔字书写技能"与普通话、口语和书面表达训练、教学工作、班主任工作一起纳入到了技能训练中。这是第一次以文件的方式，明确了书写技能在老师专业能力培养中的重要作用，并且还对高师学生的"三笔字"进行了详细的分析，明确了"三笔字"就是粉笔字、钢笔字和毛笔字。

2. 粉笔书写技能

由于书写工具的不同，书写技能通常分为两大类，即以毛笔为代表的软笔书写技能和以钢笔为代表的硬笔书写技能，其中粉笔属于硬笔书写技能的范畴。粉笔书法又称板书，是一种用粉笔在黑板上书写汉字的艺术，被普遍运用于学校的课堂教学中，有着其他书法所不能替代的作用。

1994年国家教委师范司颁布《高等师范学校学生的教师职业技能训练大纲（试行）》，文件中指出，在针对高等师范院校的学生进行书写技能训练时，主要是培养学生拥有良好的书写习惯，并且纠正已经形成的不良书写习惯。这是一个相当繁难的任务。考虑到现实因素，教委提倡训练时应掌握更为实用的硬笔书写技能，在此基础上，着重培养硬笔楷书能力，兼顾行书。这是国家在1992年试行稿的基础上对教师硬笔书写技能作出的新的规范，粉笔书法与钢笔书法相比有不少相同点，也有许多不同点。相同点即二者同属于硬笔书法的范畴，通过点线的组合，给人以美感；两者都具有实用性与艺术性两重属性，但以实用为书写的主要功能。其不同点则是粉笔书写灵活性更强，写错或写得不漂亮的字可以擦掉重写，有助于达到比较好的书写效果，但这也造成粉笔字不易保存，很难复制的书写缺点。

3. 小学教师的粉笔书写技能

写好粉笔字是教师的教学基本功，也是每一位义务教育阶段教师必须具备的一项基本素质。与其他年级相比，小学是小学生识字和写字的开始和关键时期，这就要求小学老师掌握好粉笔字的写作技巧。不仅可以有效地提升学生的学习成绩，而且可以有效地提高学生的学习效果。在《关于开展小学教师继续教育的意见》中，全国教委对小学教师的要求是，要根据汉字的笔画、笔顺、行距等特点，使用粉笔准确地写出标准的正楷。

因为语文教师是对小学生进行识字写字的最直接的教育者，而且，语文课程还兼具了工具和人文两种属性，所以，具备较高书写技能的语文教师，不但能够将自己的书写技巧传授给自己的学生，还能够让学生获得美的享受。

（二）小学教师粉笔字书写技能标准

小学教师粉笔字书写技能标准是一套成型的教师技能训练系统，只有明确小学教师粉笔字书写技能的要求以及所要达到的目标，才能使教师在技能训练中不再盲目且更有针对性地进行项目训练。

1. 书写规范汉字

规范的汉字即经过国务院和国家有关主管部门统一整理的简化字，这些简化字在汉字形体和书写标准方面都做了明确规范。国家以字表的形式对这些简化字进行了公布。这些字表包括《第一批异体字整理表》《简化字总表》《现代汉语通用字表》等。凡不经过国家公布和审定的字，都属于不规范汉字，目前，社会上语言文字的规范意识较为薄弱，出现很多用字不规范的现象，主要包括：错别字、不规范简体字和自造简体字，以及已经宣布废除的异体字和繁体字。

《语文新课标》规定，小学阶段是学生识字写字的关键阶段，学生经过识字写字教学累计认识常用汉字 3000 个左右，其中 2500 个左右会写。可见，教师书写规范汉字不仅是教师职业发展的要求，也是国家法令的要求。因此教师必须要会读、会写、会用《现代汉语常用字表》中所收的3500 字，自觉纠正自己的书写。

2. 执笔方法与书写姿势

教师可以使用三指执笔法，握笔时用拇指、食指与中指握住距离粉笔笔头大约 1cm 的地方，无名指和小指自然地弯曲，与中指相贴，协同用力。这种方式不仅可以节省精力，而且还可以保持相当的灵活性。与此同时，还应该注意书写的时候，要用手指来执笔，其余的关节都要向外突出，将力量集中到指尖上，这样写出来的字，才可以显得刚劲有力。掌虚，就是在写字时，手掌不要紧紧攥成拳头，而是要留出一条空隙，这样可以让书写者用笔更有弹性，写出来的字也更流畅，而不会显得生硬。因为黑板竖直平面摆放的特点，所以粉笔和黑板会形成一定的倾角，这个倾角的大小可以根据笔画的粗细来决定，一般来说，笔身和板面形成 30 度的夹角时最便于书写。

粉笔字主要用于教师的课堂板书，由于黑板特殊的摆放位置，因此书写时通常采用"站立悬臂"的书写姿势。教师板书时需要当众书写，具有很强的示范性，因此要求教师的写字姿势不仅要正确，而且要端庄大方，书写时要注意做到"头平、身正、臂曲、足稳"，教师书写时为了使写出的字排列整齐，头部可以随着书写高度的变化略有仰俯，但要时刻注意保持自己头部的平正；身正是指身体端正不偏斜，书写时两脚平置地面，与肩齐宽，身体与版面的距离不宜太近也不宜太远，一般保持在 35—40 厘米之间；执笔时，右手手臂弯曲成直角，随着书写位置高低，手臂进行上下变动，左手可以持书或自然下垂，也可按住黑板；足稳，即书写时教师指两脚自然分开站立，以保证身体的平衡和稳定，然后为适应书写的变化，可以在书写过程两脚自然换步、平移、或踮、或蹲。

3. 书写笔法、用笔力度及笔势

毛笔在使用过程中善于用锋，粉笔笔头的棱角也是锋，因此粉笔的书写笔法与毛笔书写笔法有类似之处，书写也可以通过起笔、行笔、收笔三个书写过程来完成。

起笔法：起笔时可以顺锋起笔，即沿着笔画的走向直接起笔；此外，也可侧锋起笔，即先将粉笔笔头斜向右下方落笔，然后转换方向进行行笔。

行笔法：按笔，用力渐大，把粉笔头往下按，使写出的笔画由细变粗；提笔，用力渐小，把笔头逐渐往上提，使笔画由粗变细；转笔，书写时渐渐转动粉笔笔头，改变书写方向，从而在书写时形成一定的弧度；折笔，书写时，将笔身突然改变方向形成棱角，书写时要干净利落。

收笔法：出锋，收笔时沿着行笔方向渐渐提笔离开黑板；回锋，收笔时向反方向退回收笔；钩锋，收笔时顺着下一笔画的首笔进行提笔并带出钩来。

粉笔质地较松，书写时容易折断，因此执笔部位不可过高，用力也不可以过紧或者过松。运笔时也要注意对力度轻重的把握，轻重的变化在外形上表现出线条粗细及浓淡的变化。同时这种线条上的张力也体现在书写的笔势上，线条的张力产生强弩之势，线条的呼应产生穿透之势，只有注意书写笔势才能让写出的字更加具有美感。

4. 书写笔顺

1988 年，《现代汉语通用字表》正式发布，通过字序的排列确定了7000 规范汉字的书写笔顺，但由于笔画没有一笔一顺地写出来，在书写过程中，因为个人理解不同，出现了许多汉字笔顺书写不规范的现象。对于这种情况，我国在 1997 年修订了现行的通用字表，编制了《现代汉语通用字笔顺规范》，正式确定了汉字笔顺，至今仍在使用。在小学语文老师的写字过程中，要特别关注笔顺，可以使用《现代汉语通用字笔顺规范》来检索那些不清楚的文字，以确保这些文字的规范和严谨。

5. 书写笔画及书写结构

在汉字的书写中，笔画就是由点与线组成的，它是组成汉字最基本的文字单元。小学老师在书写的时候，要求每一个字的笔画都清晰，不能有连笔现象，也不能在书写时随意多一笔或少一笔，要符合书写规范，更不能倒插笔。另外，老师在写字的时候，也不能随意改变笔画之间相离、相交或者相接的位置关系。而且，在字的结构和布置上，也要注意汉字的排列，不能有任何变化，这就需要小学老师在上课的时候，用最标准的正楷来写。

6. 书写字体以及书写速度

《中小学书法教育指导纲要》中规定，小学生在练习书写的时候，要学会使用正楷，相应地，小学老师也要用标准的楷体来板书，老师在写字的时候，也要注意字体的尺寸，因为字体太小，会影响到学生的观察力，而字体太大，则会影响到视觉效果①。

书写速度，这是在掌握书写规范的基础上进一步的要求，即书写的熟练程度。教师在板书时，不仅要考虑到字的美观易认，同时，还要有一定的书写速度。小学所涉及到的内容较多，知识点也较复杂，考虑到学生的认识水平与认知能力有限，小学教师们常常需要用板书来展示教学内容。此外，学生在学习过程中遇到疑问，教师也会利用板书结合语言的形式来对学生进行教学。因此，教师在书写时要严格把握自己的书写节奏，书写太快，不利于向学生演示汉字的笔画与笔顺；书写太慢，就会造成时间上的浪费，影响课堂教学质量。

---

① 顾银桥. 汉字书写技术教学应有个标准 [J]. 教学与管理, 2004, (11)：40.

二、粉笔书写技能的研究述评

（一）国外的相关研究综述

教师板书的过程实际上是一种直观演示的过程。1632年，捷克著名教育家夸美纽斯（Comenius，Johann Amos）在《大教学论》一书中首次提出"直观性原则"，他认为，教学时应将一切事物都尽可能地放到感官前，让学生直接接触。直观演示教学法是课堂教学过程中一种常用的教学方法，直观演示是把教学内容具体形象化，因为实物、图片、动画等对大脑的刺激更加强烈。教师在课堂教学中的粉笔书写演示就是一种很好的直观性教学，学生对教师的书写动作进行形象感知，存储在大脑中，并反映在之后的写字过程中，教师的书写能力无形中对学生起到一种示范性的功能。

教师的书写方式严重影响着学生们的书写水平。1952年，美国心理学家班杜拉（albert bandura）通过大量实验研究提出了现代社会学习理论。他认为，人的学习活动主要是通过观察他人的行为，把他人的示范作为模仿活动的对象，模仿是一种根据自身已有的行为模式习得的与之相类似的模仿行为活动。班杜拉通过大量的教育实验提出了著名的观察学习理论——儿童通过观察生活中重要人物的行为而学得社会行为[①]。通过观察，观察者将他人的行为以心理表象或其他符号表征的形式储存在大脑中经过加工来帮助他们模仿。在对学生进行写字教学时，教师自身的书写水平、书写的态度乃至书写风格和习惯，都会潜移默化地影响着正在识字写字的学生们，教师的书写能力将直接影响学生的书写水平。

国外小学课标也十分重视对小学生书写能力的培养。2002年法国颁布

---

① 边防玉. 学习即模仿——班杜拉的榜样学习实验［J］. 中小学心理健康教育, 2013, （01）: 34.

《法国中小学法语教学大纲（2002 年版）》，其中书写技能在《标准》的总目标中可以归纳为"快速抄写一篇至少十行的课文，不得有书写方面的错误且书写版面整洁，字迹工整，易于辨认；正确书写一篇简单的课文，在书写或评述所阅读课文时，可使用所有可用的工具。"① 由此可见，书写正确的拼写字母和单词，书写字迹清晰、工整且有一定的书写速度是完成书写任务的基础，也是提高小学生书写水平的必要条件。

（二）国内的相关研究综述

1. 国内学者有关书写技能的教学思想研究

（1）姜东舒：加强学校教育，提高书写水平

姜东舒认为从培养目标上来说，师范院校的学生是教师的直接来源，因此，学校的书写技能教育就显得尤为重要，他非常重视高等师范院校对学生书写技能的培养。近年来，许多师范院校为提高学生的书写水平相继开设了书法课，并把"三字"（即粉笔字、钢笔字、毛笔字）列为"教师基本功训练"的主要内容，这种技能培训活动在开展的过程中，学生的学习热情较高，同时也取得了一定的成果。此外，姜东舒先生也对在职教师的书写水平提出要求，他认为一个书写水平低下的教师，实在不能算是一个称职的教师。教师要完善自身的书写技能，提高自己的专业素养以应对各种教学活动。

（2）郭沫若：培养书写习惯，锻炼意志品质

郭沫若从培养学生良好的书写习惯的角度来阐述学生的书写技能，他认为教师在书写时"总要把字写得合乎规范，比较端正、干净、容易认"②。这是最基本的要求，在此基础上还要养成良好的书写习惯，即书写规范、端正、整洁的汉字。养成良好的书写习惯能够使人细心，且更容易

---

① 法国国民教育、青年与研究部. 法国中小学法语教学大纲［S］. 2004.
② 郭沫若. 人民教育杂志题词，1962. 9.

意志集中，能够体贴人。那些书写时粗枝大叶、草草了事的人在生活中也常常粗心大意。因此，他提倡学校应该按照规范培养学生的书写技能，从而使学生形成良好的书写习惯，而学生形成良好书写习惯的过程也是学生性情、学习态度、审美趣味养成的过程。

（3）叶圣陶：规范书写要求，提高书写速度

叶圣陶认为养成学生良好的书写技能，包括以下几点要求：首先要写得正确，其次要书写清楚，除了书写正确和清楚之外，还要讲究书写格式以及书写美观。最后还得练习写得快，在写得好的基础上练习写得快。因为写得快也是工作、学习和生活的需要。叶圣陶也提倡在进行写字练习时，学习者除了书写正确、整齐、美观外，还要提高自身的书写速度。

（4）刘敬瑞：吸引学生注意，提高课堂教学效率

刘敬瑞将书写技能分为书写规范汉字的技能与汉字书写技能，他认为形成良好的书写技能，要做到书写正确、美观、整洁、流畅。同时，他认为教师的书写技能对学生书写能力和审美能力的提高起着潜移默化的作用。教师拥有一手漂亮的"三字"，"不仅可以吸引学生的注意力，增强学生的学习兴趣，让学生产生学习积极性，从而提高教学效果，而且还可以给学生以美的熏陶"[①]。由此可见，教师的书写能力会对学生书写技能的锻炼起到直接或间接的作用，还可以提高学生的注意力，改善课堂的教学效率。

2. 国内书写技能研究综述

对教师书写技能的关注是从新课程改革后开始的，研究教师书写技能的文章可以分为以下几类：

（1）小学教师书写技能功能的论述

王丽敏、王建明《浅谈小学教师要写好"三笔字"》中，作者认为教师写好"三笔字"不仅可以提高自身的专业素质，同时也可以陶冶审美情

---

① 刘敬瑞. 新编教师书写技能与书面表达技能［M］. 上海：华东师范大学出版社，2007. 66.

操；同时，教师拥有一手好字是"继承中华文明的需要，也是对社会负责"①；此外，教师写好汉字既是课堂教学的基本要求，也可提高课堂教学效率。

巨力强在《农村中小学青年教师需要练好三笔字》一文中，在阐述教师拥有书写技能的功能时提出，写好汉字是教师课堂教学的基本要求，同时也是继承中华传统文化的需要，写好字还有助于教师们"提高自身的专业素养"②。综上所述，我们可以看出教师拥有过硬的书写基本功，不仅可以起到良好书写示范作用，从而提高课堂的教学质量，此外也有利于教师对中华传统文化的继承，从而提高自身的专业素养。

（2）通过现状分析，揭示书写技能的现状及对策研究

蒋武在《师范生"三笔字"书写现状的调查分析及改进对策》一文中，指出当今师范生"三笔字"的书写现状堪忧，作者认为出现这些问题既有"客观现实因素，也有主观认识方面的原因"③，究其缘由，大多是学校设置训练课时较少、"三笔字"考评虚设、学生学习态度不端正、师资匮乏等方面的原因，接着，作者为改进师范生"三笔字"的书写现状，分别从学校发挥主体作用，创造良好的外部环境；教师发挥主导作用，提高自身教学水平；学生发挥主体作用，端正自身的学习态度三个方面提出了改进建议。

从谭学念的《高校师范生三笔字教学中的问题及应对策略》、陈玉红的《关于提升汉字书写技能的思考》以及汤慧兰的《高等师范专业汉字书写技能强化训练实践研究》中，我们可以看出书写技能的问题主要集中在学校教学设施落后、教学管理模式单一、课程设置量少、没有统一编写的教材等几方面④。作者也相应地从加大学校教学设施的投入、利用现代教

---

① 王建民，王丽敏．浅谈小学教师写好三笔字［J］．百花园地，2013，（01）：171.
② 巨立强．农村中小学青年教师需要练好三笔字［J］．中国农村教，2010，（10）：30.
③ 蒋武．师范生三笔字书写现状的调查分析及改进对策［J］．学术教研版，2012，（06）：28-29.
④ 谭学念．高校师范生三笔字教学中的问题及应对策略［J］．湖南第一师范学院报，2014，（06）：77-78.

学技术拓宽教学模式、编写科学合理的教材这几个方面提出了具体的实施意见。

由此可见，当下教师书写技能存在诸多问题，书写现状不容乐观，问题多集中于训练课程设置量少、考评虚设、学生态度不端正、教学设施落后、教学模式单一、没有统一编写教材、师资缺乏等方面，在对问题的解决中，研究者们从教学以及学校管理等角度给出了具体的应对策略。

（3）针对书写技能的培训教材

刘敬瑞在《新编教师书写技能与书面表达训练》中编"书写技能与训练"中，论述毛笔、钢笔以及粉笔书写技能与训练时，分别从书法概述、书写工具的使用以及书写方法三个方面进行了书写的说明。

曹长远的《师范硬笔书法教程》专门针对师范生硬笔书写的技能展开教学，全书分为两个部分，前半部分是对硬笔书写技能的理论研究，后半部分作者为学习者提供了一些练习的模本，理论加实践的教材编写模式，有利于师范生书写技能的全面培养。

通过以上的教材研究，可以看出有关书写技能的教材，大多从理论研究与范文练习两个方面对"三笔字"进行说明。其中在对各个技能进行分别论述的过程中，多从书写工具、书写方法、书写特点等方面对技能进行阐述。较为全面地为学习者介绍了有关粉笔、钢笔、毛笔的书写技能，有利于书写技能的训练及形成。

三、粉笔书写技能的应用研究

粉笔书写技能是教师的教学基本功，教师拥有一手漂亮的板书有利于提高课堂教学效率，也能给学生以正确的示范。但无论是针对小学教师开展的粉笔字书写技能培训，还是小学教师自身的书写技能都存在很多问题。

（一）小学教师粉笔书写技能存在的问题

1. 小学教师粉笔书写技能培训中存在的问题

近年来，遵照国家教委关于提高教师的汉字书写水平，加强对教师书写基本功训练的通知精神，许多中小学院校也加强了对教师书写技能的培训，但在实际的书写培训过程中还存在理论研究滞后；培训机会少，甚至不培训；教学模式和方法落后；后期评价不便等问题。

（1）粉笔书写技能教学理论研究落后

粉笔书写技能教学研究滞后。粉笔书法又称板书，是一种用粉笔在黑板上书写汉字的技能，正是因为粉笔字的特殊书写形式，粉笔无法像钢笔或毛笔那样可以编订字帖。此外，由于粉笔书法有其固定的使用人群——教师，所以与其他"两笔字"相比，对粉笔字的教学研究也是相当落后的。在刚开始掌握粉笔写字技巧时，有一套符合实际的教科书是必不可少的，但当前市场上所用的教科书均未实行学科划分，教科书"统一化"、"大众化"的情况很普遍，这对教师的专业技能提高影响很大。

粉笔书写技能的理论阐释不够。在对小学教师进行粉笔书写技能的培训时，培训的重点是对老师的粉笔书写技能的训练指导，其中包括了书写笔法的指导和书写技巧的指导，而忽略了在小学教学中对笔顺、笔画等方面的需求。在培训方式上，主要采用书写辅导和作业检查等方式，而忽略了对粉笔书写技能的理论性解释。但是，粉笔书写技能是一种专业性很强的技能，它不仅要有理论上的阐述，还要有实践上的指导。

（2）缺少粉笔字书写技能的培训

小学教师粉笔书写技能是一项专业技能，而这项技能的培养需要经过专门的训练。通过对该问题的研究，我们可以看出，因为国家对继续教育的投入非常少，再加上，小学的师资培训成本主要是由老师自己来承担，这样的情况，给老师的生活带来了很大的压力，所以，在对老师的继续教育方面，大多数的学校都是以学校内部的培训为主。校内培训更注重对教师教学能力的培养，所以，在培训内容的设计上，学校也多以现代教育技术培训、微课以及普通话训练为主要内容。此外，学校还考虑到了老师们日常繁重的教学任务，所以在对教师进行技能培训的时候，也多采取了短期培训的方式，培训的时间一般都是2—3天。但是，教师的粉笔书写技能属于一种需要长时间训练的技能，很难在短时间内取得很大的进展。所以，学校很少会对小学教师进行粉笔字书写技能的培训，大部分的老师都是靠自己学习，或者是在板书的时候，自己的粉笔书写技能得到提升。

（3）粉笔字不易保存影响后期评价

经过对小学语文教师的采访了解到，与其他书写形式相比较，粉笔具有很大的优势，粉笔书写具有很大的灵活性，一些写错了或者写的不规范的字可以被抹去再写，这样可以获得更好的书写效果。然而，粉笔书法的缺陷也随之显现出来，即其文字的保存性和再现性较差，对其进行后期的评估也造成了一定的困难。在现实的训练中，因为训练的时间太少，而且黑板又不能移动，所以，小学老师的粉笔字训练只能够在课堂上进行。但是，想要熟练地掌握粉笔字的书写技巧是一个漫长的过程，既要在课堂上进行指导，又要在课堂之外进行点播，这样的评估方式极大地妨碍了老师书写技巧的提升。

多元化的评价与指导有助于小学教师粉笔书写技能的改进与提高。通过研究，我们发现，在评估老师的粉笔字书写能力时，因为培训是以团体培训的方式进行的，所以专家难以对老师的粉笔书写能力进行一对一的指导，大部分老师都是通过同行评价或自评的方式来进行。与此同时，在实践的训练过程中，大部分的老师都表示，他们都是学校里粉笔字写得比较好的老师，但是他们的写作技能还有些欠缺，因为缺少专门的专家进行专业的指导，所以他们的学习很难取得太大的进展。

2. 小学教师粉笔书写实践中存在的问题

尽管小学教师们都意识到拥有一手漂亮的粉笔字有利于吸引学生的注

意力，从而提高课堂的教学效率，然而能够真正掌握粉笔书写技能的教师并不多。小学教师粉笔书写实践中依然存在着许多书写问题。

（1）书写不规范，板面布局不整洁、不美观

在小学教学中，汉字的标准书写是最基本和最重要的环节。然而，大部分的小学老师都认为，他们存在着书写不规范的现象，而这些现象中，最主要的就是错别字。错别字的出现有两个方面的原因，一是因为他们对某些字的书写结构和写法没有完全掌握，从而造成了书写错误，如抑扬顿挫的"扬"写成"仰"，恬不知耻的"恬"写成"舔"。另一方面则是因为笔误而产生的书写错误，如神采奕奕的"采"写成"彩"，这些都是常见的书写不规范现象。

一个好的版式设计，既可以为教学增添美感，又可以对学生进行审美教育。然而，在平时的教学活动中，老师们在书写的时候，都比较随意，不会有意识地去区别主板书和副板书，不能很好地凸显出本节课的教学重点和难点。板书布局不合理，板面不整齐，势必会影响到学生听课的质量和做笔记的热情，还会对学生的写字习惯造成不良的示范作用，最终严重损害教师在学生心中的威信。

（2）书写身法、手法、笔法存在明显错误

正确的书写身法、手法以及笔法能够给学生树立良好的书写典范。粉笔书写是硬笔书写的一种特殊形式，它与其他书法在书写姿势、执笔方法和书写笔法上都有很大不同，通过课堂观察发现，往黑板上写字必须是站立且面向黑板、举手书写才能完成。教师书写时，书写姿势比较随意，存在弯腰、斜立，身体距黑板较远等现象，这种不良的书写姿势直接影响书写效果，而且书写时间过长还会造成腰酸腿疼。书写手法上，右手在书写时手臂弯曲弧度过大，造成汉字书写缺乏力量感。同时，在执笔方法上，教师的执笔方法各有不同，有"三指平押执笔法""三指错押法""四指平押法"等，握笔时，指尖与笔头之间距离过大，容易造成粉笔折断。错误的执笔方法容易造成书写过程中笔身不易转动，且书写时间过长还会产

生书写疲劳。长此以往，不良的书写姿势只能让教师弯腰驼背，造成身体上的负担。

（3）书写速度过慢，存在明显笔顺错误

因为在小学的教学中，所牵涉到的内容比较多，知识点也比较复杂，因此，在考虑到学生的认识水平和认知能力受到限制的情况下，老师们经常会使用板书来展现一些教学内容。同时，对于有问题的同学，老师也会采用板书和言语相结合的方式来教导他们。但是，小学老师在板书的时候，会刻意地放缓自己的书写速度，以便让孩子们更好地关注汉字的排列和构造。大部分老师都会出现书写速度缓慢的情况。如果老师们的授课内容太多，而且书写速度太快，就会让孩子们失去耐心，而且还会导致老师在讲课的时候，讲的东西不够全面，从而降低了他们的教学效果。

掌握汉字书写的笔顺是学习粉笔书写技能的重要环节。通过课堂观察可知，存在笔顺错误的原因大多是教师长期以来错误的书写习惯以及连笔，如在写含有"忄"的字时，教师第二笔会写"丨"而不是"丶"。又如在书写含有"纟"的字时，教师往往利用连笔两笔就完成了。教师们都知道要重视书写笔顺问题，但往往在不经意之间，还会存在某些笔顺上的错误，不仅如此有时教师为了让学生更好地记忆字形，会利用拆字法去演示一些字的写法，如在书写"燕"的中间部分时教师会先写"北"，中间留空再写"口"，这种写法无疑破坏了汉字的笔顺，对小学生的识字、写字、学习造成不良后果。

（4）书写笔画明亮度差，力量感不强

粉笔字相对于其他的写法来说，更具示范作用，是一种不可缺少的教法。老师们在书写的时候，如果要表现出字的美感，就必须要掌握好线条的粗细，其中最重要的一点，就是要保证力度均衡，如果力度过大，就会导致书写字体的笔画变得粗重，缺少了一种美感；如果力度过小，又会使线条变得过于纤细，让学生很难辨认出来。大部分的小学老师都是女性，她们在课堂上的板书书写中，往往会表现出力度过小，笔画不够清晰的现象，当她们书写笔画比较复杂的字时，坐在后排的同学就很难看到黑板上到底写着什么。久而久之，学生的注意力难以集中，从而导致了课堂上的秩序问题。

（5）书写字体不规范，影响辨认

《小学教师继续教育》对小学教师的教学工作提出了新的要求，要求他们在教学过程中必须使用楷体。与其他字体比较，正楷的每一笔每一划都比较标准，更适合用来做板书。在小学老师的书写过程中，有很多种字体都是混合使用的。大部分的小学老师在实际的教学过程中，经常会采用行楷相结合的书写方式。当老师们为了加快教学进度，或是认为这个答案只需要知道就可以了，他们就会不自觉地提升自己的书写速度，用行书来书写。有些老师在写字的时候，会表现得比较"随意"，觉得只要能让学生明白，就可以随便写，并没有什么固定的字体。除了这两种不标准的书写方式之外，最大的问题就是"娃娃体"，这是一种新兴的书写方式，一些小学老师在讲课的时候，会使用"娃娃体"，这对刚刚学会写字的孩子们来说，无疑会造成一种误导。

（二）粉笔书写技能存在问题的成因分析

1. 小学教师长期以来错误的书写习惯造成的书写不规范

我国小学教师粉笔书写技能存在的问题很大程度上归咎于教学中的不良写字习惯。大部分教师都有书写不规范、书写姿态错误等不良习惯，这些不良习惯一经形成就很难纠正。在教学过程中，老师的板书不当，会在无意中对儿童产生错误的示范作用，从而对儿童的书写能力产生不利的影响。其形成有两个因素：一是因为规范表述不清楚，二是因为缺少专业的指导。

（1）粉笔书写标准阐述不够清晰

目前，国家出台的最新有关书写技能方面的文件仅有 1994 年国家教委师范教育司颁布的《高等师范学校学生的教师职业技能训练大纲（试行）》，该大纲只是简单地介绍了"三笔字"的书写规范，并没有具体地介绍"三笔字"的写作技巧。例如，在书写速度上，教学大纲规定了书写要有一定的速度，但是对于小学老师一分钟要写多少字，却没有明确的要求。又如书写笔顺方面，直到1997年，国家语言文字工作委员会和新闻出版署才决定对当时的笔顺进行规范，编写了《现代汉语通用字笔顺规范》，自此，汉字笔顺最终确立。但是，现在的小学老师都是在规范字表发布以前就开始学习认字和写字了，因为那时教授语言的老师质量不高，而且教学环境比较落后，所以学生在写东西的时候很容易出现错误，而且这些错误如果长时间没有得到改正，就一定会养成不良的书写习惯。这种表述不清也表现在版面布局和书写姿态上。模糊的书写标准会造成教师在理解文档时出现错误，不利于书写能力的提升。

（2）教师缺乏粉笔书写技能专业指导

许多小学老师并没有接受过粉笔书写技能教育，他们在工作之后，也没有接受过任何关于粉笔写字的训练，所以，他们在使用粉笔写字的时候，总是比较"随性"，经常会出现一些错误，如果没有得到及时的改正，就会养成不好的写字习惯。比如，在握笔的方式上，因为没有一个具体的标准，所以在学校里，老师们在写字的时候，握笔的方式都是两指、三指、四指，没有一个标准。这个问题还表现在写字的姿势上，不好的写字姿势同样会对我们的身体产生损害。

2. 现代化教学工具的使用造成小学教师使用粉笔的概率减少

近年来，随着科技的飞速发展，教学手段也在发生着巨大的变革，"一张嘴一支粉笔一块黑板"的传统教学方式逐渐被"班班通""校校通"的现代教育媒体的使用所取代。

（1）"黑板"的演变使传统书写形式逐渐被替代

随着时代的发展，一些传统的教学工具逐渐被新兴的教学工具所替代，教学工具本身也在进行着巨大的变革。

黑板：最为原始的课堂书写工具，一块黑板、一支粉笔和一本书被认为是最为传统的教学形式。

书写白板：为使教师免受粉尘之苦，书写白板应运而生，取代传统的黑板，对应地，各类彩色书写水笔也代替了传统的粉笔。

电子板书：到20世纪末，随着信息技术的发展，书写白板逐步演变为更为先进的电子白板，教师们可以将白板上的书写内容进行存储并可将其输出和打印，这种书写方式极大地提高了书写速度。

交互式呈现：这一阶段主要是计算机、投影机等多媒体教学工具走进课堂教学中，并成为不可缺少的教学设备。

交互式电子白板：这一技术是电子板书与交互式呈现方式的结合，教师将电脑中的课件投影到白板工作区，然后利用白板笔直接对板上的内容进行标注、修改、删除和保存等操作，这种书写方式具有很强的操作性。

液晶书写屏：这种书写工具是人与电脑之间直接进行信息交流的智能平台，教师通过在液晶屏上的书写实现对电脑的直接操作①。

综上所述，我们可以看到，从最开始的黑板到现在的液晶书写屏，都是时代进步的产物。这样的书写方法，大大提升了老师的书写速度，也让课堂教学的效率得到了最大程度的提升。对小学生而言，他们最想要的就是老师对他们的书写进行一笔一画的直观示范。很明显，这种新型的教学工具也可以满足学生的要求，并且可以更好地将它们完成。所以，新型书写工具的发展，也必将导致传统的粉笔书写形式慢慢地被弱化，乃至消失。

（2）现代教学工具的大量使用使教师粉笔书写技能退化

随着新一轮基础教育改革的到来，国家加大教学设备的资金投入，"班班通"、"校校通"工程应运而生。在大部分的小学课堂上都有了现代化的教学设备，而小学老师也都习惯于利用现代化的教学设备来制作课

---

① 郑静静. 论多媒体技术的应用对高校师范生"三笔字"教学的影响 [J]. 太原城市职业技术学院学报，2011，（05）：92-93.

件，这样既能优化课堂的教学结构，又能提升教学的品质，而且因为课件的内容十分丰富，还能反复利用，极大地减轻了老师的教学负担。久而久之，小学教师在课堂教学中也渐渐对教学媒体产生了依赖，特别是许多粉笔字写得不太好的教师，在上课时将教学内容以课件的方式呈现在学生面前，一堂课下来，连一个字都没有写，这就使得原本书写能力较差的老师，变得更加害怕写、不敢写。

3. 学校对教师粉笔书写技能培养意识淡薄导致教师重视程度不够

2015 年我国试行教师资格定期登记，学分合格是必备条件。"教师参加继续教育取得的学分是年度绩效考核、评优晋级、职务评聘、骨干教师选培、特级教师申报的必备条件之一，教师参加培训和完成培训的学分情况将纳入对学校的督导评估内容。"① 然而在对小学教师进行粉笔字书写技能培训时，还存在管理机构不健全、制度不完善，课时不足，班级规模偏大，无明确培训计划等问题。

（1）管理机构不健全，制度不完善

"书写技能管理机构是指从事粉笔书写技能培训计划的制定、执行和监督的管理机构。"② 拥有健全的粉笔书写技能管理机构，有利于学校制定完善的培训制度，开展更加系统的培训活动。然而由于学校在对教师粉笔书写技能的培养上缺乏长远目光，因此在管理机构的设置上和制度的制定上存在诸多问题，这给后期教师的培训工作造成很大麻烦。

在管理机构的设置方面，根据研究发现，因为学校没有足够重视教师的粉笔书写技能，学校把教师的粉笔技能的培养工作都交给了教导处，教导处既要处理学校的日常工作，又要进行教师的技能培训，所以从培训的结果来看，并没有取得很好的效果。同时，单一的管理机构使得教导处扮演着决策、执行和监督三种职能，这种机构设立方式，使得管理力度削

---

① 邱志文. 从"眼高手高"到"眼高手低"——论书法教学中书写技能的训练与审美素质的培养［J］. 高教论坛，2006，（04）：99.

② 陈长伟. 高师专科师范生书写技能培养之研究——以亳州师专省级特色语文教育专业为例［J］. 太原大学教育学院学报，2014，（01）：86.

弱，无法更好地履行职责。

当前，部分学校在制定教师培训制度的时候，存在着两个方面的问题。一方面，学校在制定管理制度的时候，并没有将具体的培训制度、考核制度、奖励制度以及晋升挂钩制度都考虑在内。大部分的学校针对教师进行的书写技能培训，只是采取了短期培训的形式，所以，学校只是制定了一个培训计划，却没有建立考核制度、奖励制度。另外，就是在项目的制定上，还存在着一些不科学、不完美的现象。这是因为，在制定的时候，没有将任务、权力和责任分开讨论，这就造成了内部管理混乱，进而造成了教师的困惑。

（2）培训班级规模偏大制约教学质量

粉笔书写技能是教师的基本职业技能，粉笔书写技能的培养是一项长期工程，培训难度较大，需要投入大量的人力与物力，因此在培训班级规模的设置上不宜过大，而应采取小班化的教学模式。此外，国家提出"以学分制的形式来督促学校对教师继续教育的投入"[1]。由此可见，学校在对教师粉笔书写技能的培养上有重要的责任，但在实际的培训过程中，学校在对教师书写技能进行培训时，大都采用"大班化"的培训形式，所有教师不分学科，不论书写基础，全都集中到一起进行培训，这种培训形式忽视了教师的学科特性以及书写上的个别差异，"大班化"的培训模式制约了课堂教学质量，同时在对教师进行个人书写指导上也很难做到全面。

（3）无明确课程培训计划

粉笔字书写技能是一项需要长期培训的技能，因此在技能培训之初就应对该技能设立一个长期的、具体的、可照着做的培训计划。由于国家提供的培训资源有限，教师们的继续教育工作主要由所在学校负责。

粉笔字书写技巧属于一项需要老师经过很长一段时间的训练才能够熟练运用的技巧，在设定具体的执行步骤时，因为培训的时间太短，所以很

---

① 陈凤英. 书写技能：教师教育实践性课程实施之基础［J］. 哈尔滨学院学报，2014，（07）：136.

难制定出一份清晰的培训方案，所以就只有对其进行了简化，并要求老师们在每个星期五都要参加一个小时的培训。在评价标准的设定上，因为训练成效不大，所以仅要求老师完成全部课程就能达到训练目标，没有设定任何评价方式。这种培训方式，只会让教师的粉笔字书写技能流于形式，而且单调的培训还会给教师带来额外的压力，从而造成教师的厌倦情绪，这对教师的技能培养不利。

（三）提高小学教师粉笔书写技能的主要途径

小学教师粉笔书写技能的掌握不仅是教师职业素养的体现，也是教师专业化发展的过程①。因此我们应利用编写教材、开展教研活动、制定培养计划、拓宽评价方式、加强书写训练等多种途径增强小学教师粉笔书写技能水平，培养专业型的小学教师。

1. 编制培训教材，加强理论研究

如何写好粉笔字？这个问题一直困扰着我们的新教师们，写好粉笔字不外乎两点：多学、多练。多学即要求教师们在动笔之前对粉笔书写技能的理论有一定的了解，多练就是要求教师在掌握书写理论的基础上勤于练习②。

（1）以人为本，实现教材"学科化"

教材是知识的载体，有效的书写理论指导可以让我们事半功倍，并在短期内提高自身的书写技能。因此，一本好的教材就显得非常重要。编写一本好的粉笔字书写教材要考虑以下几点：①注重能力培养，体现粉笔书写技能对教师专业化发展的价值。②面向全体小学教师，关注技能学习者的不同特点和个体差异。③整体设计目标，充分考虑技能学习的渐进性和持续性。④强调学习过程，重视粉笔书写的实践性和应用性。这些理念基

---

① 陈玉红.关于提升汉字书写技能的思考［J］.教育探索，2010，（07）：49.
② 丁晓东.小学教师技能与特长培养研究［J］.曲靖师范学院学报，2003，（03）95.

本覆盖了粉笔书写教材的方方面面，但是如何深入贯彻这些理念，将这些理念带入教材编写中，实现的关键在于教材的"学科化"，所谓教材学科化，就是在编写粉笔字书写教材时不能"统一化"、"大众化"而应该要考虑到教师的任教学科，以人为本，编写适合各科教师使用的教材，使教材更加贴合教学实际。如考虑到小学语文具有工具性和人文性的学科特性，因此在编写教材时应更加注重粉笔字书写的标准化、规范化，同时给学生以美的熏陶，力求做到美观与实用①。

（2）从实际出发，把握教材"理论实践一体化"

识字写字是阅读和写作的基础，是第一学段的教学重点，也是贯穿整个义务教育阶段的重要教学内容②。教育主管部门在编写教材时要考虑到小学这一特殊学段，编写理论实践一体化的教材，要求教材理论部分，语言浅显易懂，简洁明了，可操作性强，突出实用性和可操作性。编写时可以设置两个模块：前半部分是理论讲解，后半部分是实践指导，理论教学要注重实用性，服从课堂教学需要，强调书写技能的实践、技巧培训，编写出"宽基础、活模块、精专业"的教材和资料。其中，理论部分要求教师掌握3500个左右常用汉字的写法，重点关注书写姿势、书写笔顺、书写字体等方面的研究，为小学教师粉笔书写技能培训提供依据。同时，粉笔书写技能又是一种实践性很强的专业技能，教材在编写上要考虑到现实因素，使理论讲解更加具体可操作。如在解析书写姿势时可以利用图像分步骤进行讲解，加强教材的直观性。

2. 开展教研活动，促进培训形式多样化

主题教研是指在学校教育教学中存在的富有共性的、又难于解决的问题，通过有目的的教学活动来解决问题，以促进自我提高和发展的一种专

---

① 杨国益. 教师三笔字基本功练习刍议［J］. 德宏师范高等专科学校学报，2007，（04）：63.
② 赵丽颖. 以训练为主线是提高师专生书写能力的有效途径［J］. 牡丹江大学学报，2008，（08）：159.

题研究活动①。很显然，目前多数小学教师在粉笔书写技能的掌握上还存在着较大的问题，而且书写技能训练本身又是一个长期的过程，教师们不仅要有训练的毅力，也要有相对专业的指导。因此开展针对小学教师粉笔书写技能的教研活动是非常有效的训练方法。

（1）落实"青蓝工程"，进行师徒对接

所谓"青蓝工程"，即为了进一步加强师资队伍建设，培养骨干教师和学科带头人，突出抓好优秀拔尖人才、学术带头人选拔培养工作而实施的重要人才培养工程②。在具体操作中，学校首先聘请本校一些粉笔书写经验丰富的老师担任粉笔书写不过关的教师的指导老师，采用"一带一"或"一带多"的形式，签订合同，有效期半年至一年。通过指导老师的传、帮、带，手把手地传授给教师粉笔书写技能，使教师的粉笔书写技能快速提高，尽快成为教学骨干、能手，全面提高全校教师书写质量。

（2）实施校本培训，促进教师成长

案例一：
下十围小学青年教师"粉笔字"训练方案
评价与验收：

先由学校统一组织培训，然后进行个人训练，要求粉笔字由级长负责在年级办公室门口展示，学校抽查登记。每次作业均要写上训练日期；对没有完成规定训练量的教师提出批评。中期检查阶段：由学校统计公布前期训练情况和存在的问题，督促加强训练。期末评比和验收阶段：由学校统一组织现场书法比赛，评定一、二、三等奖各若干名。

综合考评的办法，平时训练考核、期末现场书法比赛各占

①　雷庆祝，刘诗茂．传统粉笔字教学与多媒体教学的影响分析 [J]．数据统计与管理，2011，（05）：942.
②　赵晓霞．小学生汉字书写水平问题研究 [D]．广州大学，2011.29.

50%，视训练者的表现，给出最终等级。等级划分：优秀、合格、有待达标等三个等级。奖惩办法：达到优秀等级或合格等级的，学校分别授予"粉笔字训练优秀奖"或"合格奖"，全校通报表扬并按期末奖金发放方案给以奖励。对于未按要求参加平时训练，期末综合考评为"有待达标"的，由学校领导找其谈话，并延长训练期，直至达标为止①。

上述案例是下十围小学针对学校青年教师组织的粉笔字书写训练，由此我们可以看出，小学教师要想掌握粉笔字书写技能，学校在开展教研活动时必须要有严格的组织机构以及完善的培训计划和考核标准②。针对这种情况，学校要想更加有效地开展粉笔书写教研活动，必须把握以下步骤：

第一，组建小学教师粉笔字技能项目领导小组。其中扎实的粉笔书写基本功是选择小组成员时最为重要的因素，同时领导小组的成员也必须具有长期的教学经验，并对小学各科的教学都有初步的了解，此外小组成员最好对教师技能培训有一定的了解，可以让教师们更加快速地投入到工作中。

第二，制定具体的实施细则以及考核标准。采用百分制的综合考评办法，平时训练的成绩以及期末考核的成绩各占总成绩的一半，六十分为及格线，不及格的教师重新参加培训，对于合格以及优秀的教师给予奖励，并且该成绩影响最终的绩效考核。

第三，开展以学校为依托的教师粉笔字技能校本教研活动。通过建立粉笔字专业教研队伍，再由他们深入到小学教学课堂中，参照粉笔书写评分机制，考察教师粉笔书写的规范性。同时，也可以开展丰富多彩的粉笔书写技能竞赛活动，提高教师的参与意识和书写积极性。

---

① 具体参见网址：http：//fyxswxx. baoan. edu. cn/content. aspx？newsid=486940 本案例经笔者概括组织而成。

② 张青山. 略论粉笔字的用笔方法［J］. 中国钢笔书法，2009，（11）：29.

学校只要把握这三个步骤，就能将教研活动办得有声有色，只有让所有教师都动起来，让教师们充满竞争意识，才能让教师们更加积极地参与其中，教师的粉笔书写技能也将得到发展。

（3）开展课题实验，引领教师专业化发展

课题研究是教师专业化发展的基点，也是教师成为"研究型教师"的必经之路。课题研究一般包含三个环节：选题、开题和结题①。

在具体操作中，首先，学校要鼓励教师选择有关"小学教师粉笔书写技能"方面的课题进行专题研究，要求课题必须具有价值性、科学性、创新性和可行性，这是课题研究的开端，也是课题研究的关键性的一步；然后，以小学教师为研究对象进入研究情境，教师们可自行制定研究计划，通过对书写中存在的问题进行分析、研究，撰写相应课题研究方案；最后将研究成果进行推广。

通过课题研究，教师能提升自己的研究水平，从而激发学术热情，满足自己的精神追求，同时也能提升自身的生命价值，实现自己的幸福理想。

3. 制定"三步走"战略，完善培养计划

学校无法完成粉笔书写技能培训工作，主要是由于学校缺乏健全的管理体制和一套成型的培训方案。为此，应制定"三步走"的战略，完善学校培训计划。

（1）制定三级管理体制，加强组织建设

案例二：

西南大学关于进一步加强学生三字一话训练和测试的通知：

对"三字"测试合格的学生颁发"三笔字"等级证书。学校、学院（部）根据情况，举办"三字一话"竞赛活动，对优秀学生进行奖励。为加强对学生"三字一话"工作的管理和监督，在校语委的领导下，成立"三字一话"训练与测试中心（设在文

① 张永贵. 浅谈高师学生练习粉笔字的方法与步骤［J］. 河西学院学报，2011，（06）：119.

化素质教育办公室）负责日常工作。各学院（部）也要成立相应的工作领导小组。各年级均应成立训练监督小组，负责此项工作的宣传与实施①。

从案例中我们可以看出，西南大学为提高在校学生的书写水平，建立了一套成型的三级培训管理系统，三级之间各司其职，相互配合，共同完成学校的培训工作②。这套系统是非常完善的，值得其他学校借鉴学习。

第一，学校应成立粉笔字训练与测试中心，作为最高领导机构负责决策工作，该测试中心主要负责培训方案的制定，方案设计培训目的、培训对象、培训形式、考核标准、奖惩制度等方面。

第二，教导处配合训练与测试中心成立相应的工作领导小组，负责全校教师粉笔书写技能的日常培训工作以及最终的成绩考核工作，执行训练与测试中心发布的训练计划。

第三，各学科教研组成立相应的训练督导小组，配合工作领导小组负责宣传与监督工作。

测试与训练中心、工作领导小组、训练督导小组，这三个机构分别行使决策职能、执行职能和监督职能，通过明确的分工与合作建立三级管理体系，完善管理机构，提高技能培训质量。

（2）制定评分标准，为技能考核提供依据

表4-1　教师粉笔书写技能的考核标准

参赛教师		年级		学科		教学内容	
评价内容						分值	得分
点画准确，用笔熟练。						15分	
线条劲健，行笔流畅。						15分	

---

① 西南大学. 关于进一步加强学生三字一话训练和测试的通知［Z］. 2012.

② 杨兴芳. 强化小学教育专业实践技能训练的对策探讨［J］. 咸宁学院学报，2011，（3）：143-144.

参赛教师		年级		学科		教学内容	
疏密有致，节奏感强。						15 分	
字结构正确，字距、行距恰当。						15 分	
布局合理，款识规范，章法自然。						15 分	
形神兼备，风格一致。						15 分	
书写规范，内容完整、正确、积极向上，无错别字。						10 分	
综合评价							

规范成文的书写标准可以成为书写技能的考核依据，也可给教师的日常训练提供参考。如上是一份有关三字书写的要求以及评分标准，从中可知一份完整的书写技能评价表包括：参赛者的相关信息、评价内容、分值以及最终的综合评价，其中评价内容部分采用的是量化评价，综合评价部分是质性评价，用两种不同的评价方法给教师的书写技能以全面的判定。

书写标准的确立要涉及到书写技能的方方面面，如熟练的书写速度；线条劲健，行笔流畅的书写笔势；布局合理，章法自然的书写美观；内容完整，无错别字的书写规范等方面。其次，在制定标准时，一定要做到分条细述，不可笼统为一点，同时在用语方面一定要具体明确。

4. 鼓励多方参与，促进评价主体多元化

针对教师提出的粉笔字难以保存且缺乏专业评价指导的现状，笔者认为可以利用现代粉笔字网络评分系统来解决粉笔字的保存问题，同时也可进行远程评价。此外学校还可以采用专家评、同行评、校长评、学生评等多种评价方式，力求让教师们得到更加有效的改进方向。

（1）利用网络评分系统，提升评价效能

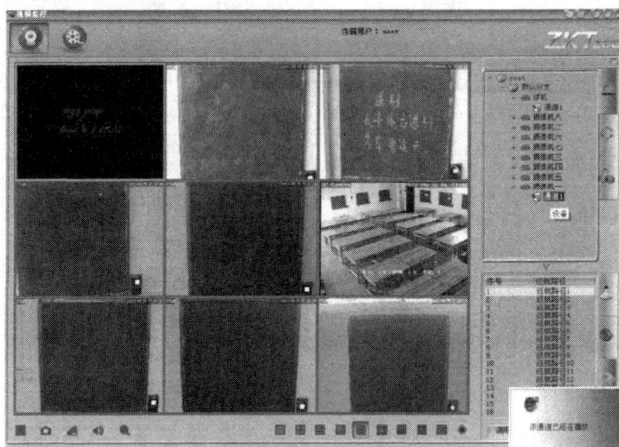

图 4-1 三笔字网络评分系统图示①

案例三

根据长期教学发展需要，广西铭银信息科技有限公司凭借多年的教育信息化经验，结合自身强大的技术研发优势，推出了"三笔字"智能教学测评系统解决方案。结合教师上书法课、学生三笔字练习、学生三笔字测试、三笔字考试批改、三笔字教室管理、教师技能平台建设、网络互动等模块内容，将课程录制存储、资源管理共享及课件直播与网络技术相融合②。

三笔字网络评分系统是一套非常完善的利用现代技术针对三笔字的教学、评价与指导设计的系统，是设计得非常成熟的教育软件③。教师们可以通过三笔字评分系统将自己的粉笔字上传给专家们从而得到专业指导，专家们也能利用三笔字评分系统最大效率地进行指导工作，从而缩减了大

① 雷捷. 三笔字评分系统的设计与实现 [D]. 厦门大学，2013. 54-56.

② http：//baike. baidu. com/link？url＝J－7JjNhMdq－OrE－EfKhjgEMTRN3vRtdc5MoD2E CwQ2NNo 3L7Dq1IK2AkimibVYp 本案例经笔者概括组织而成.

③ 雷捷. 三笔字评分系统的设计与实现 [D]. 厦门大学，2013. 54-56.

量的人力、物力。三笔字评分系统的使用，通常包括 7 个步骤：

第一，专家上书法课。这一模块采用视频直播的形式，分课时对学生进行书写指导，这种方法打破了时空的限制，学生可以随时随地受到专家指导。

第二，学生粉笔字练习。学生通过指导，进行粉笔字练习。

第三，学生粉笔字测试。学生登录学生管理系统，利用录像和图片的形式将自己的粉笔字作品上传至系统。

第四，粉笔字考试批改。专家登录教师管理系统，对学生的粉笔书写作品进行评价，并提出相关修改意见。

第五，粉笔字管理。该环节主要将学生的书写作品与教师的评价进行归类，并对其进行存档。

第六，专家技能平台建设。这个环节专为粉笔书写专家设立，专家们利用该平台互相交流经验，分享成果，达到资源共享的目的。

第七，网络互动。在这一环节中，专家在线进行书写技能的答疑、解疑，学生可以通过该环节与专家进行"亲密互动"。

该系统是使用软件工程方法在图片拍摄、书写过程录像、教师个人信息管理、评分登记管理等方面进行重点分析，设计出的一个全面涵盖评分全过程，又能满足书写需要的粉笔字评分系统，这种三笔字网络评分系统不仅操作简单，且运行高效。目前，三笔字评分系统已在桂林师范高等专科学校、广西民族师范学院、贺州学院三所高校投入使用，并取得了较好的成果。

（2）创建书写论坛，促进评价交流

教师论坛作为三尺讲台的延伸，是教师教学交流的平台①。"校校通"建设使教师之间的交流不再像以往那样闭塞，学校之间也没有界限，全校、全市乃至全省的小学教师们都可以利用论坛进行粉笔字书写技能交流，论坛的工具性作用更加凸显。书写论坛的工具性作用体现在三个方

---

① 孙富民．当今书法教育现状问题及对策［D］．河南大学，2011，8—9．

面：第一，书写信息交流的工具。教师可以将自己粉笔书写的经验发布到论坛中与他人分享，也可以收集他人在书写方面的有效见解。第二，粉笔字课题研究的工具。教师可以在论坛中发布自己的研究成果，也可以转载其他人的研究成果，同时也可让其他同行们帮助进行修改。第三，书写反思的工具。教师们可以经常发布一些书写反思日记，记录自己书写中经常出错的地方以及难写的字，让同行可以借鉴。

4. 加强书写实践，提升自主学习意识

（1）提倡"自学、自练、自测"学习模式，提高写的能力

与新入职的小学教师相比，老教师在书写时无论是在字的规范性或是书写的熟练度上都比新教师要好得多，究其原因，离不开教师们长期的书写实践，这也是教师提高自身粉笔书写技能的最重要的训练方法。因此，教师要想提高书写水平，就要在平时的书写示范实践中通过"自学、自练、自测"的模式加强练习，逐步提高自身的书写水平。

自学：自主学习粉笔书写技能相关资料，教师通过学习有关粉笔书写技能的教材或者观看其他教师优秀的书写视频，了解粉笔书写技能理论及书写技巧。

自练：进行粉笔书写技能练习，教师采取"每日一练"的形式，制定自己的学习计划，在掌握每个字的书写笔顺与书写规范的基础上，加强练习，渐渐提高自己的书写速度，日积月累，从而掌握3500个常用汉字的书写方法。

自测：进行粉笔书写技能自我评价，教师依据粉笔书写技能的标准对自己的书写作品进行评价，进行自我反思学习，提高书写能力。

"自学、自练、自测"学习，有助于教师形成良好的学习习惯，从而提升自己的自主学习意识。在提倡教师进行"自学、自练、自测"的同时，学校也要给教师提供一些自主练习的机会，设计一些可以达到的书写目标和训练模式，同时也要投入一些办公经费，为教师准备一些书写教材和训练材料让教师自行学习，提高教师自主学习的能力。

（2）重视课堂书写示范，夯实书写基本功

于永正曾说过："电脑打出来的字是死的、冷冰冰的，老师在黑板上写的字是活的、有感情的。"① 因此，教师要重视课堂的"范写"，一笔一画、工工整整地为学生进行书写演示，不仅可以提高自身的书写能力，也是对学生的情感交流。

小学语文课标规定，每天都要留 10 分钟的时间让学生进行写字训练，教师可以利用这段时间与学生一起进行粉笔字写字训练。教师首先板书本节课所要掌握的生字，并对每个字的书写笔顺与字体结构进行讲解，学生仔细听，直到学生掌握每个字的书写方法再让学生动笔书写，这样不仅可以让教师对每个字的书写方法进行巩固，而且更加多了一份书写的责任感。

学校也要督促小学教师们在教学时采用板书与多媒体相结合的教学方式提高课堂教学质量。学校在观课时，也可将小学教师的粉笔字书写技能作为一项重要的考核指标，平时也可以不定期地对小学教师的粉笔字书写情况进行考察。

---

① 张冬梅．硬笔书法在职业教育中的现状分析及前景设想［D］．辽宁师范大学，2009.14-16.

第五章
课件制作技能研究

2001 年 7 月，教育部颁布的《基础教育课程改革纲要（试用）》中指出："大力推进信息技术在教学过程中的普遍应用，促进信息技术与学科课程的整合，逐步实现教学内容的呈现方式、学生学习方式的改变。"国家教育部还颁布了《国家中长期教育改革和发展规划纲要（2010—2020）》，明确指出："信息技术对教育发展具有革命性影响，必须予以高度重视。"在小学教学中，相比于黑板加粉笔的传统教学，多媒体有其独特的优势，多媒体技术的应用成为令人振奋的发展领域。

多媒体学习方案的直观性、迭代性和协作性使多种信息同时影响学生的感官，为学习增加了趣味性、自然性和人性化的元素。从学生的学习角度来看，多媒体学习的好处是显而易见的，它不仅将学习内容从抽象转化为直观，而且有利于知识的吸收和理解；而从教师的角度来看，它简化了复杂性，加快了学习速度。因此，在有效利用现代教育技术的背后，小学教师需要提高自己制作多媒体课件的能力，以便为学生创造最佳的学习环境。

一、课件制作技能的相关概述

（一） 多媒体课件

小学教师多媒体课件制作技能是以制作多媒体课件为核心的，那么对于多媒体课件要有一个正确的认识。不同的学者对其定义也不同：

《中国大百科全书·教育》中指出："课件即具有能够实现教学功能的课程软件，简称课件（Courseware），具有教师、电影或录像、书籍这三种传统媒体的潜在优势，在教育中具有很强的吸引力。"从理论上讲，课件能够和学生进行交互，适应他们的个别需求，促使学生易得到结构化的信息，呈现静态或动态的图片。

祝智庭提到："课件是教学程序和教学信息的组合。"①

卿丽在《多媒体课件的文化创作》中提到："课件是指根据教学大纲的要求和教学的需要，经过严格的教学设计，并以多媒体的表现方式制作而成的课程软件，是实现和支持特定课程的计算机辅助教学软件及配套的教学资料。"

冯春生在《多媒体课件的评价指标及制作流程综述》一文中将多媒体课件定义为："多媒体课件是一种软件产品，它的设计、制作与发行过程，都必须按照软件工程的一系列规范来进行。"②

学者何克抗在《多媒体课件及网络课程在教学中的运用》一文中指出："多媒体课件是指通过辅助教师的'教'或促进学生自主地'学'来突破课堂教学中的重点、难点，从而提高课堂教学质量与效率的多媒体教学软件。"③

---

① 祝智庭. 现代教育技术——走进信息化教育［M］. 北京：高等教育出版社，2001. 9.
② 卿丽. 多媒体课件的文化创作［D］. 湖南师范大学，2012.
③ 何克抗. 多媒体课件及网络课程在教学中的运用［J］. 中国大学教学，2007（5）：74-77.

本章研究的多媒体课件是指支持课堂教学和学生学习的多媒体课件。它是一种特殊的软件，必须符合教学规律，满足小学生的需要，才能以其优越性发挥出最佳的教学效果。简而言之，多媒体软件是对教育信息传递的支持，是按照教育规律和原则开发的各种信息支持相结合的软件，帮助教师传递信息，促进小学生掌握知识和技能。

（二）多媒体课件制作技能

技能，在《汉语大词典》中解释为"技艺才能"，是指完成某种任务的活动方式或心智活动方式①。在战国时期，荀子就提出了教师要有"四术"的观点，指出："师术有四，而博习不与焉，尊严而惮，可以为师；耆艾而信，可以为师；诵说而不陵不犯，可以为师；知微而论，可以为师，故师术有四，而博习不与焉。"而在科学技术发展迅猛、教学内容不断丰富、教学手段更加现代化的今天，教师的教学技能也在不断更新、进步。因此，为实现计算机辅助教学（CAI)② 的课堂，教师多媒体课件制作技能就应势而生，也显得格外重要。

多媒体课件制作技能不仅仅是课件制作的活动，它也是融合了多种技能的活动。郭晓俐在《多媒体课件制作技能训练的探索与实践》中，将多媒体课件制作技能分为多媒体设备操作技能和软件操作技能。

综上所述，教师多媒体课件制作技能是操作技能和心智技能结合的活动方式，既要有对其技能的认知，又要具备关于多媒体设备操作技能、计算机操作技能、多媒体软件操作技能的共同结合。就是教师能够将多种媒体信息经过搜集、整理、存储，按照教育规律、制作原则，通过设备载体将课程软件中的信息传递给学生的活动方式。

---

① 详见罗竹风. 汉语大词典 [M]. 汉语大词典出版社，1986.
② 计算机辅助教学（Computer Aided Instruction，简称 CAI)，是在计算机辅助下进行的各种教学活动。

（三）多媒体课件制作原则

张天霞在《游戏型课件的设计技术及开发实践的研究》中提到："教师以'文本+视频'这种模式呈现出来的多媒体课件产生了代替学生思维、机灌式教学以及被设定程序牵引的现象，违背了'以学生为中心'的原则。"① 在实际课件制作中，教师多媒体课件制作技能欠缺之处，还体现在课件的界面中。图片、文字、音频等素材的搜集以及它们的表现形式都存在不当之处，要制作出符合要求的多媒体课件，了解其制作原则，这也成为提升教师多媒体课件制作技能的重要构成。

1. 教育性原则

多媒体课件为教学服务，要根据教学理论和学习理论来编制，制作出符合小学生认知规律、直观的、有启发性的、趣味性的多媒体课件。

2. 科学性原则

多媒体课件中不仅包含知识性的内容，还有图片、音频、符号等信息元素，都要求准确无误，因此，科学性的要求是知识不出现错误。

3. 艺术性原则

多媒体课件的艺术性原则不仅仅体现在运用界面的美观、素材的拼接等方式吸引学生学习兴趣，还体现在课件给学生带来的美育效果。

4. 可操作性原则

多媒体课件的展示离不开教师的操作，可操作性体现在两个方面：一是易于教师和学生的操作，避免了复杂的层次操作；二是可以根据学习者的需求进行操作②。

---

① 张天霞. 游戏性课件的设计技术及开发实践的研究 [D]. 哈尔滨师范大学, 2011.
② 黄家荣. 多媒体课件制作原理与应用 [M]. 成都：西南交通大学出版社, 2005. 28.

（四） 教师技能训练原则

教师技能的提升，可以通过学习和训练来完成，根据教师技能训练原则有目的、有计划地对教师进行培训。对此，毕天璋提出了教师技能训练的五项原则："示范性、目的性、分解性、实践性、反复性。"[1] 张忠华将教师技能训练的原则归纳为："自觉性、系统性、理论联系实际、差异性、反馈控制。"[2]

二、课件制作技能的研究述评

（一） 国外关于小学教师多媒体课件制作技能的研究

在 20 世纪 80 年代初，美国出现了自制的微型计算机教育软件的热潮。这股热潮发生在微型计算机变得更容易操作的背景下，许多小学教师了解了计算机和各种应用，并参与到课程的制作中。然而，当教师们意识到这需要更多的时间、精力和更高的知识要求时，他们的制作热情又减退了。

在其他国家，没有明确规定教师制作多媒体课程的技能标准，但有关于中小学教师教育技术的国家标准中涉及了教师制作多媒体课程所需的相关技能。

在 2000 年的《美国教师教育技术标准》中提到："教师要具备理解、使用和管理技术工具的技能。"[3] 为适应各州地区的情况，美国佛罗里达州按照教师所教年级不同来划分教师信息技术能力要求，对小学教师规定设

① 曾照玲.论教师教学技能训练的原则 [J].中国成人教育，2008 (11)：80-81.
② 朱京曦.多媒体教学策略 [M].北京：北京师范大学出版社，2010.14，39，224，13.
③ 详见《美国教师教育技术标准》，美国教育部制定，2000 年。

计教学环境和过程要求时，要求教师应该具有熟悉可视化软件的操作技能，例如 Office、Flash 等教学软件的应用。为此要求小学教师的学历要在本科以上。

教师多媒体课件制作技能包含于教师信息化技能，综观各国的教师信息技术培训，包括两种类型的培训：基本的功能性信息通信技术技能、教学技能和对课堂中的信息通信技术的理解。世界各国的教师信息技术培训内容都是从最初的基本操作开始，然后逐渐延伸到教师使用信息技术创新教学的能力。各国教师信息技术培训的主要内容如表 5-1 所示：

表 5-1　教师信息技术培训的主要内容①

国家	教师信息技术培训的主要内容
英国	英国教师信息技术培训的内容主要包括两部分： 部分 A：有效的教学与评价方法。 这部分给出了所有培训者必须被教授的教学与评价方法。这门课程设计的内容是在学科教学中使用信息通信技术（ICT）②的教学与评价方法。培训者应该能够有机会在课堂上实践本部分所描述的方法与技能。 部分 B：关于信息通信技术（ICT）的知识与理解，使用信息通信技术（ICT）的能力。
韩国	韩国的教师信息技术培训可以分为三个阶段： 第一阶段为确保讲台先进化装备等计算机操作能力的水平； 第二阶段为在教学与学习活动中灵活地运用教育软件及因特网等通信网教育信息的水平； 第三阶段为灵活地运用制作工具，制作教育所用软件及讲台先进化装备用教育资料的水平。

---

① 张新立. 国外基础教育信息化最新进展评述 [J]. 中国教育信息化·基础教育，2007（4）：81.

② ICT（Information Communication Technology），信息、通信和技术的组合，是信息技术与通信技术相融合而形成的一个新的概念和新的技术领域。

国家	教师信息技术培训的主要内容
联合国教科文组织信息技术教育研究所	1. 基本的计算机操作 2. 信息处理的主要原则 3. 文本处理 4. 电子表格 5. 用于个人交流的信息通信技术 6. 网络导航和信息资源 7. 用于教育媒体建构的信息通信技术

由此可见，尽管国外对小学教师多媒体课件制作技能没有明确规定，但含有关于支持此技能其他方面的能力要求。在信息化技能提高的同时，教师制作多媒体课件技能也在提高。

（二）国内关于小学教师多媒体课件制作技能的研究

1. 相关文件

为推进落实《国家中长期教育改革和发展规划纲要（2010—2020年）》[①] 关于教育信息化的总体部署，我国教育部组织编制了《教育信息化十年发展规划（2011—2020年）》，《规划》中提到："建设覆盖城乡各级各类学校的教育信息化体系，促进优质教育资源普及共享，推进信息技术与教育教学深度融合，实现教育思想、理念、方法和手段全方位创新，对于提高教育质量、促进教育公平、构建学习型社会和人力资源强国具有重大意义。"[②] 为响应《规划》号召，由教育部教育管理信息中心举办的全国多媒体课件大赛，其目的有三：一是推动全国学校教学观念和方法的更新，促进现代信息技术和多媒体技术在教学中的应用；二是全面考察各级

---

① 详见《国家中长期教育改革和发展规划纲要（2010—2020年）》，中华人民共和国教育部制定，2010年7月29日。

② 详见《教育信息化十年发展规划（2011—2020年）》，中华人民共和国教育部制定，2012年3月13日。

各类学校教师多媒体课程的优秀成果，提高学科教师制作多媒体课程的技能；三是探讨和交流现代教育技术在实际教学中的应用和推广经验，提高质量。

按照《规划》规定，全国多省举办教育软件制作大赛，辽宁省至今已举办了十四届中小学教师多媒体课件制作大赛。由此可见，社会对小学教师多媒体课件制作技能和小学教师多媒体课件开发意识的重视。

2. 技能掌握情况

王柳元在他的硕士论文中对四川省宜宾市翠屏区 30 所小学的教师进行了多媒体设备操作技能和计算机基础知识及操作技能的调查，结果如下：

表5-2　四川省宜宾市翠屏区 30 所小学教师多媒体设备操作技能情况①

选项	A、熟练掌握	B、掌握	C、初步掌握	D、掌握
人数	42	96	56	6
百分比	21%	48%	28%	3%

表5-3　四川省宜宾市翠屏区 30 所小学教师计算基础知识及操作技能情况②

选项	A、熟练掌握	B、掌握	C、初步掌握	D、掌握
人数	34	112	44	10
百分比	17%	56%	22%	5%

调查结果显示，教师这两项技能整体掌握情况较好，熟练掌握程度不足。

张莹莹在《中小学教学媒体使用现状调查研究——以长春市地区中小学为例》一文中，对长春市 6 所中小学教师进行了调查（如表5-4所示）。

被调查的中小学教师对现代教学媒体的制作有一些了解，掌握了一些常用软件的使用技能。但对深层具体的课件制作技术的掌握不够。常用的

① 王柳元. 义务教育阶段教师应用现代教育技术的调查研究［D］. 重庆师范大学，2012.
② 王柳元. 义务教育阶段教师应用现代教育技术的调查研究［D］. 重庆师范大学，2012.

多媒体制作软件有两种或者三种，主要是 PowerPoint、Flash、Authorware。可能大多数中小学教师为了节省课前准备的时间和经济成本，所以经常使用较容易操作并可以方便呈现教学知识结构的软件，如 PPT。同时，考虑课堂教学的生动活泼、吸引学生兴趣与求知欲，使用 Flash、Authoware 呈现动画。中小学教师在制作课件中，常用的技术种类主要是文本图像的导入、视音频的导入、超链接等。

张莹莹对教师使用多媒体设备操作技能评价为总体良好。目前我国的中小学教师的计算机能力处于中等水平，只有少部分人不会使用计算机。大部分教师基本具备较好的课件制作能力，但教师课件来源主要有网上下载、他人帮助等途径。

表 5-4　长春市 6 所中小学教师多媒体计算机的掌握和操作程度情况①

	频率	百分比	有效百分比	累计百分比
很熟练地操作	80	26.7	26.7	26.7
可以较熟练地操作	139	46.3	46.3	73.0
熟练程度一般	73	24.3	24.3	97.3
不会使用	8	2.7	2.7	100.0
合计	300	100.0	100.0	

项荣健在《关于广州市中小学教师多媒体课件制作能力的实证研究》中关于教师多媒体课件制作技能情况的调查结果为：教师制作多媒体课件的首选工具是 PowerPoint，其次是 Flash，教师对这两种软件的操作技能要好于 Authorware、几何画板、FrontPage 等制作软件。另外，在大多数教师的观念里，认为 PowerPoint 在多数学科里都有较强的表现力，能够满足教师的要求。

管西荣在《山东省基础教育信息化教学发展现状与对策研究》中有关教师制作多媒体课件技能方面的调查结果如下：

---

① 张莹莹. 中小学教学媒体使用现状调查研究 [D]. 东北师范大学，2012.

表 5-5　山东中小学教师信息技术技能情况①

信息技术技能	熟练	较熟练	一般	不太熟练	不会
1. 投影仪的使用	54.4%	24.3%	16.7%	3.0%	1.5%
2. 幻灯机的使用	48.3%	24.9%	16.4%	6.7%	3.6%
3. 大屏幕数字投影仪的使用	41.0%	28.3%	16.6%	7.5%	3.6%
4. 交互式电子白板或触摸式液晶显示屏的使用	29.1%	24.9%	18.9%	15.0%	12.0%
5. 实物展示台的使用	37.2%	24.2%	18.4%	11.5%	8.8%
6. DVD/VCD 的使用	49.8%	26.1%	15.8%	6.7%	1.5%
7. 电子文档编辑软件（如 Word、Excel 等）的使用	48.6%	26.4%	17.0%	4.3%	3.6%
8. 多媒体课件制作软件（如 PPT、Flash、Authorware 等）的使用	39.1%	31.2%	18.8%	8.2%	2.7%
9. 网页制作软件（如 FrontPage、DreamWeaver 等）的使用	14.5%	18.8%	24.8%	22.1%	19.7%
10. 图像处理软件（如 Photoshop 等）的使用	15.4%	22.1%	21.1%	26.6%	14.8%
11. 常用软件的下载、安装、卸载	42.6%	22.5%	21.0%	9.7%	4.3%
12. 音频编辑软件的使用	23.3%	21.1%	20.5%	18.1%	16.9%
13. 利用网络搜索所需教学资源	50.2%	29.2%	13.1%	6.7%	0.9%
14. 下载、上传所需要的教学资源	47.9%	28.7%	14.3%	7.9%	1.2%

由表 5-5 可见，教师的信息技术技能掌握程度存在一定的差异。表中 1~6 选项的问题主要用来调查教师对多媒体硬件设备的掌握情况，从调查数据上我们不难看出，大部分教师对于投影仪、幻灯机、大屏幕数字投影

---

① 管西荣. 山东省基础教育信息化教学发展现状与对策研究［D］. 山东师范大学，2014.

仪、实物展示台以及 DVD/VCD 的使用是熟练的。仅有一小部分教师对以上硬件设备掌握得不太熟练甚至是不会使用，而对于交互式电子白板或触摸式液晶显示屏，不熟练甚至是不会使用的教师还大有人在。从表中 7～14 问题关于教师计算机操作技能和软件操作技能的数据调查中发现，大多数教师都能够达到较熟练或者一般熟练的程度。

综上所述，多数地区小学教师都具备多媒体课件制作技能，但发展较好的地区，小学教师多媒体课件制作技能水平要略高于落后地区的小学教师水平，可能与当地经济、教师年龄、教师学历等因素有关。

3. 制作、使用多媒体课件的态度

在 20 世纪 90 年代初期，我国教育技术的发展处于低落时期，教师对于多媒体课件的制作仍抱有一些顾虑，主要原因如下：

①传统教学观念根深蒂固；

②怀疑现代教育媒体的教学效果；

③缺少使用现代教育媒体的技能：担心学不会、操作不当影响教学、使用教育媒体后拖长教学时间；

④教学课件设计时间长、花精力、没财力，不容易出效果①。

随着社会科学的发展，以上这些现象在有所改善但并没有完全得到消除。教学资历较深的老教师仍有偏爱于传统教学方式的，他们有的是因为没有认识到多媒体课件教学的优势，有的是因为技能的欠缺不愿自己制作多媒体课件。如今，多数教师都能够掌握基本的计算机操作技能，但关于制作课件的软件操作技能方面则仍有欠缺，从而影响了教师制作课件的积极性。

4. 多媒体课件制作

我国从 80 年代初开始进行多媒体课件研究。1996 年，国家科委正式批准了将"计算机辅助教学软件研制开发和利用"作为"九五"国家重大科技攻关项目之一，该项目中的两个专题是有关于中小学多媒体课件设计

---

① 黄娟. 多媒体辅助教学的研究现状及趋势［D］. 河南大学，2013.

方面的。多媒体课件融汇的多种媒体形式都是分别需要软件去实现的，所以软件是制作课件的基础，如果软件不能熟练运用，也就无法把课件制作好。但教师们也不要对软件产生惧怕心理，功能强大的软件也越来越易于操作和使用。此外，国家及各地区举办了教师多媒体课件大赛，另外举办的校内示范课和省市各级研究课为教师制作多媒体课件提供了良好的展示机会和竞争评比的平台。一线教师通过亲自动手制作多媒体课件，在实践过程中得到了练习与学习的机会，课件制作的技能水平及课件质量都有所提高，而且对教学资源的利用以及运用多媒体课件教学的水平也有所提高，教育者们也都充分认识到多媒体课件引入课堂对教学和学生学习的重要性和优势。

在研究中还发现，多媒体课件制作方面仍存在很多问题。例如，信息过多出现"阻塞"现象、制作违反小学生认知规律、将多媒体教学等同于"图解"的误区等①。小学教师要走出这些误区，就一定要结合学科特点，避免多媒体教学造成抽象思维和想象能力的不足，要对教材有透彻的分析，了解学生的基本情况，才能做到对症下药。

5. 多媒体课件制作技能培训

有学者在 2000 年的调查中发现，大多数教师都是从其他学科转入教学的。虽然有些教师有基本的计算机理论知识和较强的计算机素养，但他们缺乏现代教育思想、教育观念、学习和教学等方面的理论，无法将现代教育技术有机地融入到学科中。在当时培训状况中，"有思想没有技术"和"有技术没思想"现象并存②。不得不承认，此现象在如今仍存在，分别对应为老教师和年轻教师。因此，课件仍在初级层次徘徊，以制作演示型课件为主。

在培训方式上，仍有地区存在"一刀切"现象。教师全员集中培训，不分学科，忽视学科差异对技能要求的不同，致使教师兴趣不大。在培训

① 闫英琪.中小学教师信息技术能力培训内容体系研究［D］.西北师范大学，2010.
② 姚运标.优秀教师的专业基本功［M］.安徽；安徽师范大学出版社，2013.211.

管理上也存在诸多问题。例如，培训时间与教师工作时间冲突；培训费用教师自理；缺少培训后的支持等。

通过文献搜索与梳理发现，如今，教师已经普遍意识到多媒体课件为学生提供了有效的学习途径，促进了教师的"教"和学生的"学"，但是专注于小学教师多媒体课件制作技能的研究却很少。教育要适应时代背景，小学教师多媒体课件制作技能则是诞生于新课程改革和信息时代背景下的新教师技能。因此，在此背景下，此课题的研究具有了一定的现实意义。

三、小学课件制作技能的应用研究

（一）小学教师多媒体课件制作技能存在的问题

小学教师多媒体课件制作技能存在积极性不高、制作技能水平不佳、技能培训缺少针对性等问题，具体如下：

1. 小学教师课件制作技能提升的积极性不高

新课程改革提出："学生具备学习的愿望、兴趣和方法，比记住一些知识更为重要。真正对学生负责的教育，应当是能够促进他们全面、自主、有个性地发展。"对此还提出了三维课程目标：知识与技能、过程与方法、情感态度与价值观[①]。与传统教学相比，运用多媒体教学能够更好地促进教学目标实施，小学多媒体教学也发挥着传统教学手段不能替代的优势。

（1）制作课件数量较少

小学教师课件主要来源于学校配备或同事间分享的课件或者是网上下载而来的，真正自行制作多媒体课件的教师很少，而且其中还包含对他人

---

① 详见基础教育课程改革纲要（试行），中华人民共和国教育部制定，2001 年 6 月。

课件根据自我需要进行修改的情况。小学教师使用他人多媒体课件的数量远远大于自己制作的数量，可见，小学教师不愿意花费较多时间、精力在制作多媒体课件上，许多教师在半小时之内可完成多媒体课件的制作或者修改。通过访问得知，在这些时间里能基本完成文本、图片、视频的添加技术，根据教师自己的需求制作动画或者复杂的链接则需要更多时间，要延长至一小时甚至更多。如此一来，教师便要花费很多时间来备课，对于备课任务更重的年轻教师来说则更是如此，大多数的小学教师更倾向于使用现成的多媒体课件。

（2）使用课件教学次数较少

一般来说，小学教师每人每周课时都为 15 课时以上，而调查数据显示，并不是每节课教师都会用到多媒体课件，甚至许多老教师依然只拿课本讲授整堂课，即使小学教师承认多媒体课件对小学生学习有促进作用，但由于多媒体课件制作技能不足或者多媒体设备操作不熟练等原因，使得小学教师使用多媒体课件教学次数并不频繁。

（3）小学教师对技能提升兴趣不高

①多媒体设备操作技能不佳

在使用多媒体进行教学时，硬件设施的投入是基础。在当今社会，去教育设施非常落后的地区，学校的每间教室都配备了基本的多媒体教学设备。大多数教室都配备了电脑和连接大屏幕的投影仪，而在教育投资较多的地区，教室里的多媒体设备会更先进。而在教师办公室，也基本保证了每位教师一台电脑。因此，学校完善的多媒体设备为教师提高多媒体课程制作能力提供了良好的环境基础。

但通过调查和观察发现，多数教师对投影仪、大屏幕设备更为熟悉，而对于白板一体机却只能掌握比较简单的使用方法。有教师在多媒体教室上展示课时现学白板一体机的基础操作，还有教师表示以前学过，但自己本班级使用的是投影仪设备，所以长时间不用有些生疏。

大部分教师可以掌握基本的多媒体设备操作技能，但仍有部分教师达不到基本熟练操作多媒体设备的水平，特别是老教师。作为一名小学教师，多媒体课件制作技能是必备技能之一，而多媒体设备操作技能作为多媒体课件制作技能的基础之一，小学教师应达到熟练操作的标准。例如：熟练进行设备功能转换、对设备进行调试等基本操作。而作为能够快速接受新鲜事物、对电子设备更加敏感的年轻教师，在他们之中，仍有对多媒体设备操作不熟悉的教师，而熟练操作者也并不多。当多媒体设备出现故障或调试出错时，教师往往不能够自行解决问题，从而放弃使用多媒体教学，课后等待相关人员的维修。

②计算机操作技能有待强化

许多年轻小学教师计算机操作技能总体掌握较好，都能达到一般熟练或熟练的程度。总之教师年龄越大，计算机操作技能不熟练的比例越大。

计算机操作技能，不仅仅应用于制作多媒体课件，还应用于利用计算机进行教育管理的活动，此技能应该是每个小学教师的必备技能，应达到操作熟练的程度。因此，小学教师的计算机操作技能还是有待继续强化。

③多媒体软件操作技能匮乏

经调查，小学教师掌握最为熟练的多媒体课件制作软件是 PowerPoint，越是年轻教师，能够熟练使用的越多。而对于其他制作软件，年轻教师便不再是领先者。由于部分中年教师参加过初级和中级的教育技术培训，因此，他们对于软件的了解与制作掌握程度比年轻教师好一些。年轻教师应该更易于接受新鲜事物和学习新鲜事物，在此方面的表现却不明显。

其实，学校每台电脑都配有基本的 office 办公软件（PowerPoint、Word、Excel），但用于多媒体课件制作的软件却只有 PowerPoint。因此，教师的多媒体课件制作只能基于 PowerPoint 软件，而用于课件制作的软件还有 Flash、几何画板、Authorware 等却无教师涉及。许多教师在制作中遇到技术操作问题会互相请教，但只着眼于眼前问题，缺乏深入研究意识，只借助有操作环境和较为熟悉的软件制作课件，而对于较为陌生或者复杂的软件不予使用也不予研究。

④缺乏技能培训热情

绝大多数教师都参加过学校或教育部门组织的初级或中级的中小学教师教育技能培训，还有的教师在等待培训机会或者是参加更高一级的培训，但仍不乏个别老教师对培训不感兴趣。他们认为自己已具备的技能水平足够应付课堂教学，个人也没有想要进一步发展的意愿，所以对此培训毫无兴趣。无论是参加或者还是想参加培训的教师，他们的动机主要表现为达到评职称的要求，很少有教师是真正为了自我的提升而参加的。

2. 多媒体课件制作技能水平不佳

在小学校园中，绝大部分学生基本能够接受教师制作的多媒体课件。但是，也会有极少部分学生不满意教师制作的多媒体课件，认为不能满足他们对课件内容、课件表现形式等方面的要求。小学教师多媒体课件制作技能的水平不佳主要在课件制作前的常识准备不足和制作中的课件效果处理不佳两方面体现：

（1）课件制作常识掌握不足

①课件制作类型单一

小学教师主要借助于课件进行教学内容的讲授和对知识的巩固与复习，他们忽视了多媒体课件在小学生游戏环节中发挥的优势，尤其是在低年级学段的学习与练习中更需要游戏型课件。小学教师制作多媒体课件的主要类型是课堂演示型课件和巩固练习型课件，而其他类型的课件制作却少有涉及。

②制作原则不明确

集教学、科学、艺术和技术于一体的多媒体软件有其自身的原则，在制作中不能缺失。在调查中发现，教师对多媒体软件制作的原则了解不透彻，即使了解软件制作的教学性、科学性和直观性原则的教师，也在制作中违反了这些原则。例如，有的教师在教学中借助多媒体节目来丰富教学手段，存在过度使用或加重问题的现象，违反了多媒体节目制作的教学原则；还有的教师的节目中无用信息过多，造成屏幕上的信息混乱，色彩对比不明显，字体大小、线条、数量不合适，违反了多媒体节目制作的科学性和艺术性。

（2）技术使用不当

①课件信息量过大，超出小学生认知负荷

在 20 世纪 90 年代，《中国教育报》就发表了一篇关于影响教学效率因素的文章，其中就对教学容量进行了详细的论述："课堂教学容量是一个相对稳定的常数，量过大，学生受不了；量过小，学生吃不饱。"[①] 因此，课件中的信息容量应得到关注，不得过大或过小。而小学课堂中课件界面承载过多教学信息的学科主要有语文、英语学科。这两门学科的教师在制作时通常采用大量图片、文字的形式进行信息的传递，造成多媒体课件界面教学信息过多的现象，影响了小学生的阅读与认知。

案例一：

小学低年段学生在阅读培养初期应注重对阅读兴趣的培养，教师多媒体课件界面文字过多，便会造成学生缺少阅读耐心的现象，从而影响阅读兴趣的培养。

②课件制作效果影响学生学习效率

可视的课件素材主要是文字和图片，素材过大或者过小都是不可取的。文字和图片是为了突出教学中的重难点，为了引起学生的注意，便于记忆，有时教师选取的素材过小，会影响学生的观看，无关紧要的素材过大，又会影响小学生注意的合理分配。

另外，多媒体课件素材颜色搭配的协调性也影响了学生的学习效率。多媒体课件中和谐的色彩不仅体现了课件制作的科学性，也体现了其艺术性，促进了学生的审美发展。小学生往往被鲜艳的物体所吸引，但色彩过多、混乱，会影响小学生的学习效果。在一些课件中，背景图片与文字的

---

① 详见秦国龙. 提高课堂教学效率要素分析［N］. 中国教育报，1996-11-19.

颜色对比不明显，学生看不清楚。有些课件界面颜色过于鲜艳，导致学生视觉疲劳。

案例二：

一年级语文《C、Z、S》拼音学习课件，在教室光线较暗的环境下，界面中三组词汇选择了深蓝色，拼音选用了红色，背景都是较暗的颜色，不能形成颜色反差，文字清晰度较低，学生只能看着图片提示和听着教师的示范跟着读，不能有效达成教学目标。

③课件动态效果使用不当

多媒体课件中的动态效果不仅包括动态图片，还有课件内容的"进入"、"退出"等动作的动态效果，而合理地选用动态效果能够增加课件的趣味性和观赏性。有的教师为了吸引学生的注意，过多地采用动态图片，使学生忽视了重要内容而只关注动态图片；还有教师以各种"进入"、"退出"的动态效果再配有声音，看似增加了技术含量，实则这种花哨的形式也会影响学生的注意力。

3. 技能培训缺少针对性

一般来说，大多数学校关于开展培训围绕多媒体课件制作技能的内容主要集中于与学科相互联系、与计算机技能相关和与常用办公软件相结合，问题主要集中于培训差异性不突出与培训内容泛化两方面。

（1）培训差异性不突出

大多数的学科培训是中小学教师共同参与的，但在培训中并没有专门针对小学教师进行多媒体课件制作技能培训，导致缺少针对小学生学段和学情特点的分析。另外，许多培训是集体性的，教师没有进行学科分组，会影响多媒体课件学科特点的突出。

（2）培训内容泛化

在常规的多媒体课程制作中，小学教师要完成的任务有：分析学习者的需求、制作脚本、设计课程结构、准备材料、整合课程和调试。正如在培训的第一部分所观察到的，教师只参与执行一两项任务，而不了解其他任务的准备和要求。

教师往往在培训中了解到有关于多媒体课程制作技巧的内容信息管理的内容，但对于多媒体课程制作的培训部分还是不够深入和具体，有些软件过于复杂，教师在教学中也没有花太多时间去研究，只有简单易用、能快速有效呈现效果的软件才会被教师使用。

（二）小学教师多媒体课件制作技能存在问题的归因

笔者针对调查结果，对小学教师多媒体课件制作技能出现的问题进行归因，主要从外界对技能的关注、培训机构的不足之处以及教育主管部门三个方面进行原因分析。

1. 各方人士对小学教师多媒体课件制作技能关注不足

好的课堂、好的教育离不开各方的支持，学校、教师、家长以及学生自己都在发挥作用，但在实际的学校和生活中，各方认识往往对于课件制作技能关注不足，具体原因如下：

（1）学校、教师忽视技能掌握的评价

有学者对 500 个样本进行调查，发现有 90% 以上课件存在图像素材质量差、色彩搭配不和谐、存在无关干扰因素等问题，但教师却对其视而不见[①]。通过听课、观察和与教师的交流中得知，教师看课更多的是观察教师的教授内容、基本的教学技能和学生的表现，但对教师多媒体课件制作技能的关注度却远远不够。

在平时教学中，教师对多媒体课件使用抱有可用可不用的态度，而在公开展示课上是一定会使用的，并且在展示课上，多媒体课件制作的时间要比平时花费的更多。在评课环节，教师往往疏忽了教师多媒体课件制作

---

① 王存贵. 教师现代化是教育现代化的关键 [J]. 上海教育科研, 2008（7）：68-69.

技能的评价。在课后谈论中，教师的多数评价是在导入部分、练习部分或者其他环节借助了多媒体课件创设了情境、丰富拓展了内容等，却很少有针对某一课件制作细节进行深入思考，讨论其优点与缺点和改进之处。

（2）学生缺少评价意识

教师多媒体课件制作的质量可以通过学生的学习效果和学生的课堂表现来体现。作为教师，通常会通过学生的眼神、活跃程度来判断课件是否具有启发性、是否为学生创设了学习情境、吸引学生学习兴趣等。而作为学生，却没有意识到他们的课堂反应会引起教师对课件制作的反思，他们也有责任为教师多媒体课件提出意见和建议。由此体现出，学生没有真正意识到自己不应该是多媒体课件的观赏者、课堂的参与者，而是教师多媒体课件制作技能的促进者、学习的主体。

（3）家长漠视技能水平

通过调查得知，家长询问最多的是学生的学习、作业，偶尔有家长要求教师分享上课使用的课件，便于学生学习、复习。但课件分享之后，并无反馈的声音。由此可见，家长认为多媒体课件只是呈现知识的工具，而对于课件制作的情况与对学生产生的影响、知识的获得等认识不足。

综上所述，小学教师多媒体课件制作的积极性、态度以及技能的提升，不仅来源于自身，还来自学校、学生、家长的重视和他们的评价与监督。

2. 培训质量和水平不理想导致教师缺乏热情

小学教师通过培训后，对课件制作技能的掌握仍停留在初级阶段，没有感受到与现实课件制作的联系，也没有提高太多的制作多媒体课件的积极性，回到教学中自然也做不到学以致用。

（1）培训内容不充实

享有"欧洲之父"之称的法国外交家让. 莫内（Jean Monnet）说过："现代化的关键是化人，或者说现代化要先化人后化物。"学校在重视硬件、软件配置的同时，也要重视对潜件的加强。相对于硬件、软件来说，

"潜件"强调的是设计者所具有的理念以及能力。那么，这就体现在教师对于多媒体课件制作的教育教学观的理解以及他们的制作技能方面，是否能达到预期甚至能突破预期的效果。

无论是以行为主义学习理论还是建构主义学习理论或是其他学习理论为指导的多媒体课件，在制作过程中都有其相对应的原则与特征体现。在访问教师的过程中得知，在教师教育技术培训中，对于理论的讲述只是一带而过，也并没有重视具体理论与实际课件制作的相关性。因此，教师对于理论的掌握只用于教学、教案编写等，而对于多媒体课件制作仍持有课件是服务于授课内容、突出重点、可以创设情境、方便教学等态度。

（2）培训与教学实际结合不充分

小学教师多媒体课件制作技能是应用于教学中的专业技能，因此要与实际教学相结合。培训中往往只注重软件技术的教学，忽视了此技能中多媒体设备操作技能的培训。例如关于计算机、投影仪、白板一体机、话筒及音响、录音机等设备的连接、使用、维护等技能。在教学中，课堂进行到一半，教师经常会遇到计算机、投影仪、音响等设备出现故障问题，这时会影响学生的积极性，也会给教师带来不便。因此，为了不影响课堂的进程和学生的学习效果，多媒体设备操作技能应纳入培训之中。

在信息技术与课程整合的背景下，教师的多媒体课件制作也要体现出整合的特点。教师的多媒体课件不仅要体现信息技术与课程整合的教学规律，还要体现其学科规律。培训教师认为他们对所任学科的学科标准基本能掌握，但是否能遵守其标准并体现在多媒体课件制作中，往往少有关注。因此，教师在培训中也不能真正体会到自制多媒体课件对课程实施的促进作用。

3. 教育主管部门监控与管理不完善

教育主管部门是学校不断向前发展的坚强后盾。而当前小学校园中在评价技能考核、奖励机制等方面，监控和管理仍不完善，具体如下：

（1）技能没有纳入考核指标

教师参加培训多数是被动的，是为了达到评职称的要求而参加的。既然教育主管部门规定的教师职称评定条件涉及到是否具有教育技术等级证书，那么培训内容就要参与到职称评定的考核之中。但是在职称考核指标中却没有关于教师教学技能的要求，甚至细化到教师多媒体课件制作技能的掌握程度也未曾有过具体规定，由此成为教师多媒体课件制作技能一直没有提升的原因之一。另外，有的教师对职称的评定也并不积极，对参加培训也不抱有积极主动的心态，由于长时间不自我学习、不参加培训，也没有相应的考核，自然就淡化了提升多媒体课件制作技能的意识。

（2）激励机制不够

教育主管部门在多媒体课件制作比赛中限制了每个学校的参赛人数，会打消参赛兴趣较高的教师的积极性，并且也会错过一些教师好的制作构想。相关部门对于获奖教师的奖励力度也不够，也会影响教师的积极性。最后，对于获奖作品或者落选作品，教师往往不清楚自己制作的课件的优点与缺点，得不到客观的评价反馈。

（三）提升小学教师多媒体课件制作技能的对策

理论为实践服务，因此小学教师多媒体课件制作技能的培训离不开理论与实际的结合，不能脱离小学生需要和教师需求。通过文献、调查、访谈的总结研究，在此提出分层培训的策略。

1. 科学遵循小学生身心特点，提升多媒体课件制作技能

（1）理论与实际结合的技能提升

培训中，有关于理论的学习只是一带而过的，与实际教学联系并不紧密，造成了教师只知其一不知其二的现象。那么，要让教师对理论学习有一个深刻的体会，就要理论联系实际，使教师明确在多媒体环境下学生的知识观、学习观，并树立正确的应用多媒体课件教学的教学观。

①行为主义学习理论与小学教师多媒体课件制作的结合

行为主义学习理论可以用公式表示为 S—R，意为个体受到外界的刺激

（S）后所产生的行为反应（R）。行为主义学习理论认为学习是刺激与反应之间的联结，行为是学习者对环境刺激所作出的反应。行为主义学习理论应用于教学中，就要求小学教师通过创设带有刺激条件的环境去塑造和矫正学生学习行为。

行为主义学习理论的代表人物之一——斯金纳（Burrhus Frederic Skinner），他的程序教学体现了行为主义的原理，多媒体课件制作可以视为程序教学制作的程序，是程序教学发展的产物。

案例三：

程序教学中强调信息的及时反馈原则，小学教师在制作课件时就要注意在练习和复习环节对学生的答案给予及时判定，可伴有"答对了"、"答错了"、"你真棒"等信息；遵循积极反应原则时，小学教师可借用漂亮的界面、动画或音乐来促进学生的思考与反应；遵循自定步调原则时，小学教师制作的课堂演示型课件和自学型课件，要注意课件便于学生操作，设置放慢、重复、暂停等操作方式；遵循减少错误率原则时，小学教师要注意，无论是现成课件还是自制课件都要对其进行修改，减少知识性或界面性等因素的错误，便于学生做出正确的反应①。

②建构主义学习理论与小学教师多媒体课件制作的结合

传统课堂受时空的限制，不能有效地提供实际情境，学习者对知识的意义建构感到困难或缺乏兴趣②。多媒体课件则可以弥补这一缺陷。南贾帕和格兰特（Nanjappa & Grant）指出，建构主义和技术两者都关注的焦点就在于学习环境的创设。建构主义学习理论认为学生的学习是一个主动的、建构性的过程，知识是通过学生对已有经验的改造和重组或对新知识

---

① 宁光芳.程序教学在多媒体课件制作中的应用分析 [J].中国教育技术装备，2009（24）：134-135.

② 高文，徐斌艳，吴刚.建构主义教育研究 [M].北京：教育科学出版社，2008.5.

的意义建构而获得的。小学教师在学习建构主义学习理论时，应结合自己对知识、学习和教学的看法，制作多媒体课程。

建构主义理论的知识观认为知识是客观的、动态的。建构主义者强调学习者通过主动地建构而获得知识，不同的个体由于个体经验不同而进行不同的建构；建构主义理论的学习观认为学习是在一定情境下促使新知识与学习者已有知识经验积极主动地建构过程；建构主义学习理论的教学观认为学生不是空着脑袋进入教室的，他们也不是接受知识的木偶[①]。因此，教学应建立在学生已有知识经验基础之上，创设问题情境，鼓励学生交流、探究、思考获得新意义建构。

通过理论的学习是要将其内化到教师的课件制作中去，这便引起教师关于如何通过多媒体课件的制作促进学生新旧经验的联系，帮助他们进行意义建构的思考。小学教师通过网络的渠道将信息进行搜集、筛选，再通过多媒体软件进行信息整合，呈现到小学生面前，这便要求小学教师的多媒体课件要具有内在的逻辑性，使得学生更容易理解，缩小初级和高级知识间的水平层次间隙，进行循序渐进的教学，从而易于学生的迁移。

案例四：

制作多媒体课件可以加入导航页面，告知学生教学目标，使学生在潜意识中回忆学过的知识，从而更好地建立与新知识的联系；教师还可以通过多媒体课件交互性、共享性和表现力强等特点为学生创设情境，进行合作学习。避免了传统教学教师"一言堂"的现象，实现了小学教师作为课堂组织者、引导者的角色扮演。

[①] 布鲁克斯（Brooks J. G.）. 建构主义课堂教学案例：万千教育 [M]. 中国轻工业出版社，2005. 38.

（2）结合小学生认知发展规律的技能提升

①针对小学生注意特点制作多媒体课件

小学生注意力发展的主要特点是：以无意注意为主；从无意注意发展到有意注意。小学生通过学习材料获得知识，提高技能，掌握方法，所以学习材料的制作应符合小学生的认知发展规律。

小学生更倾向于关注他们感兴趣的东西，无意注意占主导地位。当课上突然出现与其他对象不同的"刺激"，如明显的字体、颜色、形状等，小学生的注意力就会被转移。教师可以利用这种"刺激"，当它们正是教师所要教授的内容时，将无意注意转为有意注意，这样就会吸引学生的注意力，帮助他们完成学习。

案例五：

《雪地里的小画家》课件，为了使学生掌握难读、重点字，在"我会读"环节，教师第一次操作界面出现所有字词，第二次操作利用红色拼音标出需要强调的重点字，第三次操作通过重点字的闪烁来引起学生的再次注意。

②选择正确的感知通道来提升多媒体课件的有效性

学生通过视觉、听觉、嗅觉和味觉对外界进行感知，在日常学习中主要是通过听觉和视觉来完成信息的接受和加工。教师要考虑到学生的特点，根据不同感知通道特点来呈现媒体素材（文本、图片、音频、动画等），激发学习兴趣，吸引学生注意，从而提升学习效果。

案例六：

英语《Feeling》一课的教学目标之一是让学生掌握"happy"、"sad"、"scaled"等表达感觉的单词。教师播放多媒体课件以故事的形式向学生讲述：小猫Judy今天过生日，妈妈送给它一个生日蛋糕，Judy 非常开心（happy），但只有它自己过生日，非常寂寞（lonely），于是就去邀请小狗 Harry 一起过生日。在路上 Judy 遇到一条毒蛇，非常害怕（scaled），还好没有受伤，安全地到达 Harry 家。可是敲门没人回应，Judy 失望（disappointed）极了，它感到非常累（tired）。回家后，发现几只小老鼠吃光了它的蛋糕，Judy 又生气（angry）又难过（sad)①。

教师将图片与动画结合，展示故事的经过，在情感出现的对应点呈现出表达感觉的单词和读音，恰到好处地引起了学生的注意，并帮助学生理解与运用。因此，并不是多种媒体形式结合的课件就是好的，多余的形式会造成主要信息的干扰。而适当的结合多种媒体形式可以作为一种"刺激"强化学生的记忆。所以，教师要针对小学生认知发展规律来选择正确有效的媒体形式。

2. 提升小学教师多媒体课件制作技能的内在动力

技能的形成离不开观察、分析和思考，更主要的是动手操作，使得熟能生巧。为避免教师制作多媒体课件技能提升的负面情绪，首先要促进教师制作课件的动力。

（1）以精品课件调动教师制作情绪

为了消除教师制作、使用多媒体课件的消极、不良动机，首先应该使教师发现制作优秀的多媒体课件对学生学习的促进作用。学校或社会可以为教师提供精品多媒体课件以供教师观看，在欣赏中感受到课堂融洽的气氛、学生良好的学习状态等，由此来激发小学教师制作出优秀多媒体课件的内驱力。

（2）以简单技术体验提高教师制作兴趣

制作多媒体课件的软件有很多，而教师自制的课件中大多采用的是图

---

① 朱京曦．多媒体教学策略［M］．北京：北京师范大学出版社，2010.66．本案例经过笔者浓缩改变而成。

片、文字、音频的添加，链接到 PPT 等功能。教师应尝试多种技术，学习一些简单的操作技巧，应用到课件中。

案例七：

数学《平移》一课中，笔者向一位数学教师展示了如何在几何画板上观察、实现图形的平移，此教师表现出想要学习的兴趣，通过几何画板的展示，不仅能让学生更直观地观察图形平移的过程，还能按照某项要求将图形平移，教师可以一边操作演示一边讲授。之后教师又学习了图形旋转等制作方法，表示会继续学习并用到教学中。

(3) 以得到及时反馈增加教师制作热情

多媒体课件制作技能和课件质量以及其有效性在评课中并不是重点，教师上完课也不再对课件进行修改，因此对于课件的及时评价有助于帮助教师认识到课件制作的优点和弊端，不仅对当时的课件有改进作用，对下一次课的课件制作也起到了指导与激励的作用。另外，课件的受益人还有学生，多媒体课件的评价也需要学生的参与和评定，学生凭借着课件使用后的直观感受对教师课件的制作进行评价，才能使评价更加有意义。通过评价可以让教师明视自己制作课件的欠缺之处，通过教师与学生的共同反馈来促进教师提高多媒体课件制作技能。

教师的多媒体课件制作评价分为三个方面：课件内容、课件界面、应用操作，在以上三个维度中又包含其他方面①，具体如表 5-6 所示：

---

① 张景中，彭翕成. 学科教学中的信息技术 [M]. 北京：北京大学出版社，2013.9-16.

表 5-6　教师多媒体课件评价表

多媒体课件评价表（教师）			
课件内容	课件内容符合主题，重难点突出	0—10 分	
	教学内容规范、正确无误	0—10 分	
	逻辑结构清晰	0—10 分	
	有扩充内容、创新之处	0—10 分	
	无繁杂、无关内容	0—10 分	
	创设学习情境，提高学生学习兴趣	0—10 分	
课件界面	页面内容量适中，布局美观	0—5 分	
	动态效果使用正确	0—5 分	
	色彩搭配合理，内容与背景颜色协调	0—5 分	
	文字大小适中、清晰，重难点明确可视	0—5 分	
	媒体素材质量高	0—5 分	
应用操作	导航栏目明确，链接正确、快速	0—5 分	
	整体、局部都具有易操作性	0—5 分	
	课件具有交互性，促进师生互动	0—5 分	

评价表满分 100 分：课件内容包含六项评分标准，每项 10 分，共 60 分；课件界面包含五项评分标准，每项 5 分，共 25 分；应用操作包含三项评分标准，每项 5 分，共 15 分。每项评分累计超过 80 分（包括 80 分），则表示教师多媒体课件优秀；若分数为 60—80 分（包括 60 分），则表示教师的多媒体课件中等；低于 60 分则较差。

考虑到小学生不能够准确地按照要求给出对应的分数，因此小学生以选择题的形式进行调查评价。评价表如表 5-7：

表5-7　多媒体课件学生评价表

1. 你对本课的多媒体课件是否满意？	A 满意	B 一般满意	C 不满意
2. 本课多媒体课件对你的学习有启发性吗？	A 很大启发	B 一点启发	C 没有启发
3. 本课多媒体课件是否突出了重难点？	A 是		B 否
4. 本课多媒体课件素材质量	A 很好	B 一般	C 不好
5. 本课多媒体课件色彩搭配是否和谐	A 是		B 否
6. 教师能否熟练操作多媒体设备、放映多媒体课件？	A 熟练	B 一般熟练	C 不熟练

此调查从课件内容、课件界面和教师操作三方面进行评价，以学生的直观感受和学习体验为基础，对小学教师制作的课件进行客观的评价。

3. 分层教学培训

根据培训存在内容、层次混乱的现象，本研究结合小学教师对此技能某些方面需要提升的诉求，提出了以横向和纵向两条主线进行培训的策略。

（1）以教师层次为基础的横向培训

小学生与中学生的心理发展有一定差异性，而针对中小学教师一起进行的培训的现象则忽略了多媒体课件的制作需要体现学生年龄阶段特点这个因素。因此，中小学教师应分开培训，也更容易引起在多媒体课件制作过程中出现问题的共鸣。除此之外，如今我们强调信息技术与学科整合，但并不是某一学科用了多媒体课件或上了网就是"整合"，多媒体课件的基本根据就是各学科课程标准。如果教育信息化的活动不能深入到学科，不能为学科教学服务，就很难产生实际效果。所以应分学科进行培训，进行有学科标准指引下的课件制作。

案例八：

对小学英语教师的培训，英语课堂教学分为六个环节，在多媒体课件培训中就应该有与六环节对应的制作方法培训，使教师明确哪个部分添加哪种类型课件、运用哪一种软件进行制作、应遵循哪项原则、运用何种方式展现等问题，方能达到最佳效果；超级画板和几何画板都是深入小学数学学科的教学软件。作图、测量、计算、演示课件等都是带有数学学科特点的特殊活动。因此，数学教师就应该熟练掌握此软件的操作，而其他学科的教师便可以着重学习具有其他学科特点的软件。

横向培训重点强调小学阶段某学科有关多媒体课件制作的原则、理论指导，这也方便在培训中案例演示的实施。

（2）以技能分解为基础的纵向培训

纵向培训旨在将多媒体课件制作技能分解为三个具体的技能，有针对性地培训，分为以下几个方面进行：

①多媒体设备操作技能：指能熟练操作和运用多媒体设备的活动。

②计算机操作技能：指能熟练操作和运用计算机的能力，能在电脑和网络设备上进行一系列合乎要求的操作。

③多媒体软件操作技能：在教学中常用的多媒体软件主要有以下几个类型：图形图像处理软件、动画制作软件、音频处理软件、视频处理软件等。那么多媒体软件操作技能就是教师能够运用这些软件掌握基本操作、制作课件的方法的活动。

首先，对多媒体设备操作技能统一培训。在调查中发现，多数教师不懂得如何连接、维护多媒体设备，由于多媒体设备都是由学校提供配备好的，因此教师无从了解他们的连接方式、调试方法，在平时操作中出现问题也无法自行解决。那么在此期间，教学就变回了传统式教学。多媒体设备的正常运作为教师制作和使用多媒体课件提供了有利的环境。因此，学校或培训机构应对教师进行对多媒体设备基本操作的培训，使教师能够在遇到常见问题时自行解决，恢复正常使用。

其次，多媒体课件制作离不开计算机操作技能。无论是信息的上传与下载或是文件的保存与传递等操作，都是制作多媒体课件的一个基本技能。尤其应该针对有部分教师不会下载教学资源这种具体问题的训练。

最后，就是多媒体软件操作技能。软件的熟练操作可促使教师自制课件或对课件进行修改和优化。多数教师只会将图片、文本、音频和动画插入或链接到幻灯片中，但却缺乏独立制作图片、音频、动画的能力，所以教师使用的多媒体软件也仅限于 PowerPoint。培训还应注重 Flash、几何画板等有助于教学的软件操作。除了以上这些软件，教学中还会用到一些制作好的教学软件。

例如，小学英语课件 CD-ROM。英语教师只是会基本的播放动画和音频操作，却很少有教师关注课件提供的其他功能，比如同步练习、游戏、同步翻译等功能，致使其他功能形同虚设。因此，培训内容还要涉及到不同学科提供的课件软件的功能使用，使课件发挥其真正作用，为学生创造一个更好的学习平台。

在纵向教学中，主要为教师解决怎样做、如何做等问题，如何选择正确的软件制作出适应于学生、教师和教学环境的最优化的多媒体课件。

第六章
小学科学教具制作技能研究

人类通过受教育学会发明、创造以及工具的运用。通过对个体能否发明新工具，可以判断他所受的教育是否具有创造力。

《义务教育科学课程标准》（2022 版）提出："在小学科学课程的教学中，必须创造多种机会让学生进行科学探究。"[①] 因此，科学教具的制作是当下教师必不可少的重要技能。无论是在课堂上教师向学生们演示使用，还是学生通过动手玩教具学习，都非常有效地提高了学生对于学习内容的积极性，激发其创新思维。

一、小学科学教具制作技能的相关概述

（一）小学科学教具制作理念

《义务教育科学课程标准》（2022 版）中指出："具有初步的创新精神、实践能力、科学和人文素养以及环境意识；具有适应终身学习的基础知识、基本技能和方法。"教学任务不能只注重知识技能的传授，更要注重让学生在学习过程中形成价值观和动手实践能力。

---

① 具体参见：教育部 .《义务教育科学课程标准》（2022 版）［Z］. 2022 年.

教具作为教师指导，学生学习教材的工具。为了取得更好的教学效果，除了现有的教具，教师还要自行搜集材料，独自设计制作教学器具。教具制作的过程也是师生做研究、探索的过程。教具制作理念让教师在重视知识本身传授的同时，更加重视学生创新意识的培养。而小学科学教具本身也有以下的特点：其一，教具具有教学性。用教具提高师生在教学学习过程中的动手能力、实践能力是课程改革的基本理念。其二，教具具有科学性，教具制作所依托的内容是符合科学的，探究过程体现的是与科学知识相统一的过程。帮助学生掌握学习方法，提高操作技能和思维。其三，教具要有创新性，随着材料、技术、课程内容、理念的改革深化，教具也要不断创新和发展。其四，教具要有启发性，启发学生在探索学习中获得自己的经验，引导学生动手思考。其五，教具所用的材料和设计要安全可靠，一方面在师生使用的过程避免造成意外，同时也能帮助学生形成环保意识。

1. 倡导探究：不同层面的创新

《全日制义务教育小学科学课程标准（修改稿）》指出："在小学科学课程的教学中，必须创造多种机会让学生进行科学探究。"

在小学科学课程的学习中，学生必须获得更多多样化的机会进行科学探究，这种探究也必须要全面、多样。

教具的直观性让其成为教师教学过程中值得信赖的伙伴。教师通过演示教具的使用方法展示其内在的科学原理，学生也借此进行实践、归纳和总结。在这样的科学探究过程中，学生提高了自主学习的意识能力和对课程内容的兴趣。

2. 因地制宜：不同程度的创新

首先，教具的制作要考虑费用、做工、材料等因素。同时教具还要符合"简易性"的原则，包括做法、材料、费用的简易，同时简易原则并不意味着与高新技术相分离；其次，还要根据具体的情况进行创新，要充分利用身边丰富的资源。发达地区的教师应利用当地各种资源优势，尝试多样化的教具创新制作；物资贫乏的地区，要利用地区特殊的资源尽力深入教具的制作。

优秀教具的标准并不是做工的复杂、耗费的高低。评判教具的好坏要根据使用的教学效果。教具的制作要注重简化原则，从宏观的角度去考虑教具的制作，尽量省略与教学演示无关的内容，突出教学重点。

3. 因材施教：不同角度的创新

"实行国家基本要求指导下的教材多样化政策以后，为了保证教材编写的质量，促使中小学教材从'多本化'走向'多样化'。"[①] 其中"多样化"的内涵并不是简单地进行改变，而是要提高质量，使高质量和多样化并行。随着教材的多样化、独特化的出现，现有的教具已经不能满足多样化的教学需求，教具创新制作，满足多样化教学需求也成了重中之重。多角度、有针对性地对日新月异的教材、课题、内容等开发创新，为学生进行学习探究、实践操作提供有力的帮助。

（二）小学科学教具的类型

1. 实验器材类

实验器材主要是指专门用于学生在课堂上做实验的仪器和工具，包括实验对象、实验仪器和其他用于教学目的的设备。"根据环境条件、教学设计、师生需求而动手制作新的实验器材或改进加工原有器材后所得的实验器材称之为自制实验器材。"[②]

在目前的小学科学中，国家提供的实验设备分为通用、一般、计算机、支架、电源、力、电、专用仪器等类别。国家提供的传统实验设备和教具主要特点是数量充足、尺寸合适、质量好。随着新课程改革的实施，国家提供的现有实验设备和教具远远不能满足当前的教学需要，"所以我

---

① 李建平．教材多样化的实质是什么 [N]．中国教育报，2002-11-07（5）．

② 成金燕．小学科学实验器材的制作与使用 [J]．江苏教育研究，2012（11）：53-54.

们需要对现有实验器材和教具进行改进、组合、延伸和扩展。"①

2. 标本类教具

标本是指以原始形式保存或加工以供学习和研究参考的动物、植物和矿物。实验者通过风干、防腐等方法处理样品，使标本可以更好地储存并尽量保持原貌，为教学探究所用。目前，我国小学共有28种科学标本，包括昆虫标本、植物种子标本等。在老师的指导下，一起动手收集和制作各种标本的过程使学生丰富了探索实践经验，提高了开展探索活动的能力，并在潜移默化中培养了学生热爱科学的情感态度。"采集标本、制作标本等，是拓展学生科学学习实践和培养良好科学素养的有效方法与途径；是实现学生即时发现科学素材、收集科学素材、制作整理科学素材、欣赏科学素材的有效实验。"

3. 模型类教具

大多数人认为，模型就是各种飞机、汽车等具体实物的模型化。而这只是对模型的感性认识。模型用于向人们解释一些科学家的创造和发现，并帮助学生了解一些难以直接观察的事物、事物的变化以及事物之间的关系。"模型是为了说明一个问题，解释一个现象，体现一种观念想法而建立的。"②

4. 挂图类教具

挂图也是教具类型之一，它根据教材的内容和教学需要绘制而成。它通常用于验证和解释教学中教科书的内容，以便学生可以看到他们所学的内容。例如教师在上课时向学生展示的大幅图画。

传统教学直观生动地展现了教科书中的教学内容。为了让学生掌握和巩固在课堂上学到的知识，教师需要经常把教具长时间放在教室里。除了上课时间，学生还可以在其他课时反复参观和学习，并将它们画到笔记本上，这也是学生学习的有力工具。

---

① 龚彤，王建. 学校自制实验器材和教具思路研究 [J]. 物理教讨，2013（5）：11-12.
② 郑军. 关于小学科学"建立模型"的教学思考 [J]. 河北教育教学版 2009（1）：40-41.

5. 多媒体类教具

多媒体教具"是指在教学中以电影、电视、幻灯、录音、录像等做媒介，来记录和传导事物的形象、声音，使教和学之间往来的信息畅通，以提高教和学的效率，取得较高的教学效果。①"同时多媒体教具以教育学、心理学知识为基础，以现代科学技术（电、声、光等）为手段，结合教学内容，探索新兴的教学方式。

6. 组合类教具

"组合式是由一些通用的元件或组件组合起来，构成各种不同的实验装置，分别完成各项实验。用这类元件或组件构成的仪器，称之为组合式。"② 最典型的组合类教具莫属七巧板了。

组合教具将多种教具合为一体，打破单一的功能来满足多样化的实验教学实践需求。在实际使用过程中，通过灵活使用组合教具，使师生充分发挥出创造性思维，开发动手能力。实践过程没有固定的使用方法，过程中更多的是引导实践者整体协作，开动脑筋。组合类教具对于培养学生的灵活思维有极大帮助。

（三）小学科学教具制作的意义

教具在中国已有悠久的历史。教具最早出现在宋代，沈括在共振实验中制造的纸人就属于教具的一种。而现在，随着课程改革的不断进行，人们逐渐用全新的视角来看待、使用教具。而教具的制作和使用能让教师不以教授者的死板角度去看待教学内容，而是用研究、学习者的角度去思考教学内容。同时教具的开发制作也是激发学生探究实践兴趣的好帮手。当前，随着课程资源多样性等思想的发展深入，小学科学教师亲手设计制作教具已经是必备的职业技巧，这种技能不仅是职业创造力的体现，而且会

---

① 关群. 课堂教学中运用电化教具的初步尝试 [J]. 黑龙江高教究，1983 (3)：90-94.
② 刘济昌. 组合教具 [J]. 教学仪器与实验，1989 (5)：1-3.

在将来的各科教育中变得愈发重要。

1. 促进教师专业的发展

(1) 明确制作教具的意识

曾经引领新时代小学数字化的小学英语教师，如何激发学校学生的探究兴趣，在具体过程中培养学生的创新思维能力和创新思维已然成为学校培养的重点。个性化学习的新核心价值观要求小学教师改变传统的专业化教学方式。过去学习的重点是教学，现在是激发学生的学习兴趣和教师主要引导的教育。教学应采取综合实践活动和小组合作学习的教学方法和具体内容。如何解决和验证教师是这个过程中的引路人和顾问，一千所学校的学生有一千种思维逻辑。小学教师要参考学校学生的思维逻辑，设计制作出既能满足课堂教学，又能满足大多数学校学生探究学习的教学教具。

(2) 明晰教具制作的目的

在纸上学到的东西总是肤浅的，你永远不知道除非你真的去实践它。如果只是学习简单的理论，教师对教具价值的认识只能停留在表面。小学科学教师应该经常尝试自己制作教具。在设计制作教具的过程中，教师会逐渐了解教具的真正用途。年复一年，制作教具已经成为教师的技能和习惯，他们反思制作教具的过程，进一步提升自己的业务素质。在明确制作教具的目的时，首先要明白，有些教具不适合自制，有些材料不适合制作选用。教具的使用不仅仅是为了能够追求表面的繁荣。这些经验只能从几次实践中获得。教师只有正确认识教具制作的目的，并在课堂教学中合理运用，才能为自己的教学锦上添花。

(3) 提高教具制作能力

目前，小学科学教师在教材制作各方面的素质还不够，如何进一步提升教师的教具制作能力是我们面临的一大难题。马克思曾经提到过："真正的知识来自实践。"只有学习新的科学知识，才能进一步提升制作教具的能力。教具的制作是一个迭代的过程，在这个过程中，教师要不怕失败、不怕困难，一步一个脚印，从粗糙、不完善的教具到满意的教具。随着时间的推移和教具制作经验的积累，教师的动手能力和创新能力自然会相应进一步提升。总之，小学科学教师要多思考、多设计、多制作教具，这才是进一步提升教具制作能力的出路。

（4）强化创新能力

表面上看，教学教具的制作是一个手工活，但实际上，其制作的过程中有很多创造性的价值：一是挖掘教师的创造潜能。在教具制作过程中，教师大多数情况需要打破常规思维，激发学生的创造潜能；二是锻炼教师的创新意志。一款教具的诞生需要教师反复精进，在这个过程中充满困难，需要教师有一定的创新勇气和创新意志；此外，它培养了教师的创新人格和创新品格，教具制作过程要求教师严格、耐心；最后，它促进了教师的创造性思维提升，无论是在教学教具的最初设计上还是在素材的选择上，都需要一定的创造性思维。总之，"教具自主创新活动是一项具备多重潜在价值的创造性活动"。

2. 促进学生科学创新

（1）激发学生探究兴趣

参照结合皮亚杰（Jean Piaget）的认知发展阶段理论：第一，三至六年级的形象思维和逻辑思维较弱，唤醒这个阶段学生的思维活动、注意力，需要具体内容来吸引；第二，这个阶段的学生普遍对自己熟悉的事物比较感兴趣。教师教具制作的材料大多数情况取材于学生所熟悉的周围生活，学生感到很亲切，内心认为科学离自己很近，因此消除或减弱了科学的神秘感和他们对科学的恐惧感。此外，通过修改、再次整合和设计，新的教具使学生原有的认知与当前所面临的新事物形成了冲突，使学生形成了强烈的探索新知识的欲望，使学生专注力高、兴趣大，愿意主动探索。

（2）丰富学生的探究体验

孩子的思维逻辑从动手做起。鉴于小一年级学生具备特别爱玩、爱动的性格特点，应不失时机地创造一些动手活动，提供难得的动手活动机会，使合作探究学习成为现实。同时科学学科的学习会变得自然、简单、高效、稳定。学生参与小学老师制作各种教具的具体过程，为学生营造了创新型的学习环境。在具体过程中，找到解决问题的方法，并提问、归纳和总结，借助一次次的失败和一次次的改进，让他们明白实验结果不是为了能够迎合规律而进行的。借助理论和实践的具体过程，同学们的认识更加深刻，实事求是的原则不断增强。学生经历了挫折，经历了成功、失败的强烈情绪。这是学生感受和理解当代科学的具体过程。"'动手做'是小学科学课的'灵魂'所在。"①

（3）引发学生兴趣和创造动机

一款教具的现世，大多数情况需要教师的精心巧妙构思和开创。教师亲自制作的教具，首先能满足教学需要，体现一定的规范性和实用价值，进而将科学知识传授给学生；其次，教师有意借助学生生活工作中的原料制作教具，相当大地削弱了学生对科学的畏惧，可以调动学生去做的欲望，从而释放出了学生的实验探究兴趣，培养了学生的创造能力。在这个过程中，"学生的创作不再满足于'欣赏'和'临摹'，而是'评价'，甚至'批判'，形成创意，从而点燃创新的欲望。"优秀的教具，总是将理性化为感性的形象，让学生在直觉感受中不自觉或部分不自觉地接受。正是在这个过程中，小学生不断地从"感悟"走向"理性理解"，从而真正走向创新之路。总之，经师生共同探讨、不断完善、精心雕琢的作品，是激发学生直觉兴趣和创作动力的"导火索"②。

（4）克服学生的学习困难

基础教育新课程逐步将以往以验证性实验为主的实验教学转变为探索性实验，即由教师的示范性实验转变为学生在教师的指导下自主发现和探索问题。科学结论的探究过程、教师亲手制作的教具，是连接的好"帮手"。在小学科学教学中，教师经常向学生展示感性材料的实物、模型、图表等教具，或开发演示实验的可视化教具，以帮助学生掌握更多抽象的

---

① 王传洲，姚秀君，张继桓. 自制教具在小学科学教育教学改革中的作用［J］. 中国教育技术装备 2013（5）：61-62.

② 杨廷刚. 浅谈自制教具在教育教学中的作用［J］. 新课程研究，2007（12）：58-59.

科学知识，而这些知识经常是教材。借助大量教具的运用，使学生充分把实践落实到探索的过程中，更好地领悟重难点知识的内涵，将其转化为更易理解的知识。在这个过程中，学生能够集中注意力，仔细观察，在探索的过程中发现事物变化的规律。而且，自主探究的具体过程也有利于激发孩子的学习兴趣，体验和享受成功，不断增强学校学生探究学习的意识，促进学校学生探究的习惯和自主学习能力的提升。

（四）小学科学教具制作的基本原则

1. 根据小学生认知特点

根据皮亚杰的认知发展阶段理论，3—6 年级的学生正处于具体运算阶段，在此阶段，心理操作着眼于抽象的概念，但是思维活动仍然不能脱离具体事物的支持。即这个初级阶段在校学生的形象思维和逻辑思维能力都比较薄弱，具体的情境、形象和更直观的具体事物更能引起这个初级阶段在校学生的注意。

总的来说，小学老师只准备教具所需要的材料，而且这些材料基本上都是取自学生熟悉的周边生活。通过改革、整合、设计和制作，大部分新的教具在外观上都非常漂亮，而且在具体的讲解过程中应该给在校学生带来强烈的冲击，让在校学生原有的理解发生改变，进而激发学生探索新事物的欲望。这一具体过程表现为在课堂上的探究能力，即学生在校逐步形成无意识的注意和高度的兴趣。此外，从生活中衍生出来的比较常见、必需的资料，让学生对课程有一种了解、熟悉的感觉。无形的力量消除了当代科学的神秘感，消除了学生对当代科学的恐惧感。科学教具缩短了学生与当代科学相互间的距离。

2. 根据小学科学的教学需要

鉴于小学科学所固有的实用性、生活性、自然性和趣味性，学生会表现出前所未有的学习热情。与预想不同的是，对于脱离实践的学生来说，短时间后，面对抽象的知识、复杂的现象和考试压力，学生的兴趣和积极性就消失了。在日常教学中，无论是教师演示教具，还是指导引领学生做教具，学生都能在过程中探索和掌握知识，真正做到有兴趣、思想和激情，让学生在热血沸腾的状态中得到放松。最大限度地调动学习的积极性，从某种角度上看来，发挥了学生的主体作用，调动了学生学习科学知识的积极性和自觉性。在实践环境中，学生不断进行知识和方法的建构，不断保持和进一步提升学习兴趣，激发学生探索科学的兴趣，进一步提升学生的主动性，从而取得良好的学习效果。

3. 利用最新科技成果

中小学基础教育注重培养学生的创新精神和实践能力，使他们从小热爱当代科学，具备探索宇宙的潜能，了解当代科学伦理和科学规律。但是，小学教师要进一步提高自身的创新精神和实践能力，将自己所了解的一些新兴科学技术的发展，充分体现在教具的设计和制作中，努力创造出相当丰富、独特、精干的教具和反映当代新兴科学思想的优质教学资源。小学教师一定要认识了解到革命性技术、尖端设备制造和新制作方法的产生，将信息技术充分渗透到传统实验中。如果小学教师自己停止学习新的科学知识，而将自己局限在已经存在的旧知识上，那么他们所上的课程大多会在特定条件下滞后，也无从创新，收效甚微。作为一名小学科学教师，一定要关注日新月异的科技发展，紧跟最新的科技发展，潜移默化地激发学生对当代科学学习的热情。同时思考如何在生活中慢慢探索当代科学，把最新的当代科学信息传递给在校学生，培养在校学生热爱当代科学、善于思考的精神。

4. 符合多样化的要求

纵观历年教具评选结果，大部分被认可并获得五星级好评的教具，一定有创新思维，更有特色。创新是教具不断发展的动力。体现创新思维的科学教具，能够解决当前现代科学课堂中的焦点问题。而创新也分为开创型创新、组合型创新、移植型创新，无论是自己完全创新，做从未做过的教具还是其他形式的创新，都将给我们的教学带来出乎意料的效果。另外，所形成的教具也应符合高性价比等主要特点，使用更方便快捷。所谓高性价比，就是造价低，但价值不低。因此，我们需要用便宜又熟悉的生活用品来制作个性化的教具。这些自制教具不仅是传统教具的简单替代品，而且体现了自制教具创新定制的鲜明特点。

二、小学科学教具制作技能的研究评述

（一）我国基础教育新课程理念

当前，世界上很多国家都在全力提倡思维创新，科技创新能力已经成为综合国力地位的集中体现。无论我们从中国古代历史的角度，或者从时代的角度，走创新发展之路都是必需的。思维创新最重要的源泉是具有创新型人才。所以，创新教育的推行如今已成为我们国家基础教育体制改革洪流中的中坚力量。

《义务教育科学课程标准》（2022版）中新课程的培养目标强调："具有初步的创新精神、实践能力、科学和人文素养以及环境意识。"[①] 很明显，基础教育课程改革中，强调的不再仅仅是教师对知识的传授，更加突出了学生自主创新精神与探索实践能力的培养，使其成为当前时代独有的特色创新型人才。奥斯本（Alex Faickney Osborn）在其著作《创造性想象中》提出："创造力和其他技能一样是可以通过教育训练被激发出来的，是在实践锻炼中不断提高的。"[②] 总而言之，创新与实践是并行的。

---

① 具体参见：教育部.《义务教育科学课程标准》（2022版）［Z］. 2022年.
② （美）奥斯本. 创造性想象［M］. 中国预测研究会，1985.43.

(二) 教具制作的起源与发展研究

从教具诞生到成形，历时约 200 年。它起源于 17 世纪的欧洲。第一个用于实验的仪器是当代力学的创始人伽利略（Galileo）。他制作了直接观测天体的望远镜，裴斯泰洛齐（Johan Heinrich Pestalozzi）的算术盘、J. A 夸美纽斯的皮制人体模型，这些都是最早的视觉教具。18 世纪中叶，通过工业革命和科技革命两次革命，自然科学进入"近代科学阶段"。在此期间，许多学校的教室里都出现了一些教具。目前，许多国家都非常重视教具的制作。

在中国，教具的发展源远流长。历朝历代都有一些令人印象深刻的教具。例如，珠算是元末为商业用途而发明生产的，一直流传至今，仍然是小学数学教学不可或缺的工具。古代的教具大多是具体的物件，也有一些是人为制作的。20 世纪 90 年代后，教学设备短缺引发的矛盾让人们开始思考制作教具的问题。从早期的模仿教具，到越来越多的自主研发设计的教具，教具的功能和价值逐渐被发现。随着时间的推移，新一轮课程改革展开，"课程资源"的概念被提出，教具的概念被再次诠释。

1986 年，首届全国自制教具评选在北京举行，全国许多小学科学教师参加了此次活动。本活动至 2016 年共举办了八届。从这八次全国精品教具展评活动中，我们能够发现，教具制作在教学中的重要性日益凸显。

(三) 教具制作的原则

目前，世界各国都对教具的生产和使用十分感兴趣。以师生制作的教具、学具进行的教学一直受到比较大的重视，社会上已形成共识：推动教具生产低成本，即使是发达国家，如日本、美国等国家也热衷于低成本的实验教育生产。较先进的国家已经认识到，在课堂教学中运用实验能够更好地提升学生的学习兴趣，激发学生的探索动力，培养学生的实践能力和创新思维。仅靠黑板书和旁白是不能达到素质教育这些要求的。

学者徐干年在其著作中指出："一件成功的教具的诞生，要有明确的目标、合适的制作材料、安全的制作过程，最后在反复试验力求达到效果之后，总结写出使用说明、使用方法、注意事项等内容。"① 李俊把制作教具的原则概括为科学性、安全性、实用性②。

概括地说，教具的制作主要遵循三个原则：一是与教材相适应，教具的使用最终是为了教学。一个优秀的教具如果不能用在小学科学课上，无异于做无用功。其次，教具的制作过程要安全、易操作。安全是教具生产的保证。简单的操作大多数情况能让教具的制作和演示过程顺利进行。最后，获取材料方便。小学科学教学大多数情况因材料匮乏而没有制作教具的实践。

（四）小学科学教具的特点

无论在国内还是国外，小学科学教具的特点都是相似的。中国学者刘继昌在著作中指出，教具是有灵性的，小学科学教师制作的教具更符合自然规律、科技规律、教育规律和人的成长规律。它们是由接触法律的现实和拟人化的教授组成的。

也有学者总结了优秀小学科学教具的特点：功能上必备、原理上科学、现象上不同、结构上简单、寓意上创新、生产容易、操作方便、使用安全。

随着时间的推移和新课程理念的深入，小学科学教具的种类越来越多，特色也越来越多。教具除了具备上述学者所指出的特点外，在材料、制作方法和教学效果等方面也进一步丰富。

---

① 徐干年. 课改形势下教具制作与使用的研究 [J]. 语数外学习，2013 (11)：98.
② 李俊. 浅谈如何利用自制教具激发学生学习兴趣 [J]. 价值工程，2013 (34)：286-287.

（五）小学科学教具制作的方法

1. 简单加工原型教具

生产上有采集法和转化法。中国体育教育家朱正元教授曾提出在实验中以锅碗瓢盆为器具，采取拼凑法进行实验，即能够从日常生活中的废弃物、校园内废弃的器具中获取以及发给学生的学校资料等。收集材料用作教学辅助工具。

2. 模仿自制教具

模仿自制教具有两种，一种是仿制原有教具，另一种是参照结合现有教具的功能，设计制造功能相同，但略有改动的教具。在实际生产中，有仿制法和代料法。例如，鉴于现有的实验设备过于复杂，为了简化和改变实验设备，某小学的科学老师将原来的溢流杯改成了阿基米德实验。在原有的基础上更进一步提高了烧杯倾斜装置，简化了原来复杂的装置。

3. 原创自制教具

原创自制教具是开发设计符合科学原理、满足教学内容需要、具有可操作性的教具。在具体制作中，有原理模拟法、组合设计法、放大法、创作手法等。

（六）小学科学教具制作的价值

刘济昌在著作中指出，教具是一个综合概念，并将教具在教育中的重要地位比作生产活动中的机器、军队中的武器装备。教具除了是教具，还是专用教材，教具已然能够成为师生朋友在学习中的教材。此外，教师在制作教具的过程中，经常动手、动脑筋，不仅仅获得了必需的科学知识，还锻炼了自己的制作技能。因此，从一定程度上看来，制作教具是推进素质教育、培养创新精神和实践能力的必要条件。

学者黄健伟将自己制作的教具比作小学科学教学法宝。他认为："自制教材能够使教学多种多样，在原有的基础上更进一步提高教学乐趣，突破教学难点，保证教师教学效果。"在这个过程中，教师能够体会到创作的成就感，使教学效果事半功倍。

无论是国内还是国外小学的科学教学，制作教具的价值都是显而易见的。

三、小学科学教具制作技能的应用研究

（一）教具的制作方法创新，以"新"去"旧"

参照结合前期调查研究，目前大部分小学教师制作教具的积极性不高，教具选用效果不佳。小学普遍对教具制作不够重视。我们知道教学是有方法的，教具的制作方法从本质的角度上看决定了教具的效果。随着时间的推移和科学技术的不断创新，教具的制作方式也在不断追求创新。

模型教具是目前小学科学课使用频率最高的教具之一。模型教具以其直观、便于保存、制作方便等特点，深受小学师生的喜爱。但随着时间的推移和小学科学领域创新理念的深入，模型教具也面临着创新的问题。在本章的写作过程中，笔者对一些在教学中具备实用性的模型教具进行了梳理和总结，并列举了模型教具制作方法上的两处创新点。

1. 北斗七星模型

（1）制作背景

"建一个星座模型"是新课标小学科学六年级下第三单元《在星空中（一）》中所涉及的活动。课本上的制作建议是：把球形橡皮泥挂在一块钻了7个小孔的方形纸板上，方形纸板模拟天空，球形橡皮泥代表星星。老师借用投影仪的光，从侧面照亮小球，在投影仪的屏幕上逐步形成一个影子，让学生观察北斗星的形象。这种设计的问题在于，用橡皮泥做成的星星本身并不发光，与北斗七星的特性相去甚远，其形成的是平面效果，没有立体空间的视觉感。

（2）创新设计

投影和照射成像的原理被半透明的塑料片代替，逐步形成立体感。制作材料为旧塑料文件夹；七星的制作材料由橡皮泥改为 led（二极管）灯，电线为报废网线。师生能够观察胶片一侧发光的"星星"，用笔在胶片上描画"星星"的位置，得到北斗七星的图像。

（3）制作步骤

步骤一：依据课本上的插图，先在一块方形胶合板上钻 7 个小孔，刚好让灯通过。

步骤二：用绝缘布将 7 个 led（二极管）灯的两个金属连接点分别接到 7 组导线上。

步骤三：将不同长度的导线的另一端并联连接到电池盒中的两个连接点。

步骤四：用两个铁架子撑起方形木板，依次将 7 个小灯放入每个小孔，然后装上电池。

步骤五：多角度观察这些"星星"，用笔画出来，就可以看到由七颗星星组成的不同形象。

（4）教具评价

平时做北斗七星模型的时候，老师们都是用橡皮泥模拟星星，用强光看投影的老办法，与实际相差太大。在教具的制作上，采取三维直观演示的新方法，具备立体效果的高级教具，得以真实地反映出原来事物的特点，让学生更好地理解原理和模型。北斗七星模型由半透明塑料片制成，从而逐步形成立体感，给学生直观感受，降低学生理解难度。半透明塑料片比全透明塑料片效果更好。半透明的塑料片能够让光线隐约通过，但电珠本身却不能通过塑料片，模拟天空的景象，赋予学生形象视觉，具备语境传递。

教师创新教具，推陈出新，为学生的创新进行了示范：教具的制作，无论是方法还是材料都是不拘一格的。本教具采取立体直观的演示方式，使演示更加生动直观，帮助学生在学习过程中逐步形成一定的空间感，化抽象为具体。老师的这种方法，无论是在知识上还是情感的传递上，都给了学生一定的启发；同时也给学生留下了创新的空间：对教具的制作方法和材料没有限制，教具中的材料是否能够用其他材料代替，留给学生思考的空间更远。科学探索没有止境，只要敢于探索，方法得当，师生都能够制作出优秀的教具。

2. "水浴法" ——蝴蝶标本制作

（1）制作背景

《蝴蝶身体结构探秘》是新课标版小学科学四年级上的内容，其教学目标要求学生观察蝴蝶的身体结构并能正确描述，并推断出蝴蝶身体结构各部分的相应功能。蝴蝶是生活中常见的动物，但飞舞的蝴蝶不利于学生细心观察。蝴蝶标本已成为科学教师必备的教具。

（2）创新设计

过去，科学老师经常自己动手制作蝴蝶标本的教具。与预想不同的是，在过去，人们受到知识的限制。制作昆虫标本的常用方法是将采集到的蝴蝶放入毒瓶中熏杀。在这个过程中，蝴蝶会在瓶子里飞、爬、跳、撞，破坏翅膀。这样制作的标本容易损坏。同时很危险，这种方法对制作者的身体也会造成一定的伤害，所以不能选用。

实验室常用的软化方法是：在玻璃干燥器中加水，然后滴入几滴石碳酸溶液，将干燥后的蝴蝶标本放在三角纸袋中，放在干燥器的隔板上，使蝴蝶软化。实验室方法有其优点，但我们日常生活中缺乏玻璃干燥器和石碳酸溶液。一个简单安全的做法是，把抓到的蝴蝶装进透明塑料袋里，放入冰箱冷藏冻死，把装蝴蝶的塑料袋放进日用蒸笼里，加适量水，盖上盖子，小火加热，蒸15-20分钟左右，蝴蝶就软化成功了。

（3）制作步骤

步骤一：捕捉教学需要的蝴蝶，放入透明塑料袋中，放入冰箱冷冻。

步骤二：先将蝴蝶软化，将装有蝴蝶的塑料袋放入日用蒸锅中，加入适量的水，盖上锅盖，小火蒸至蝴蝶变软。然后，选择合适的虫针，从蝴蝶胸背中央插入，将虫针插在标本上，进行姿势调整或展开翅膀等工作。

步骤三：将标本放入恒温箱中晾干。

步骤四：将完成的标本放入标本盒中，妥善保管以备后用。

（4）教具评价

在制作蝴蝶标本的过程中，冷冻蝴蝶的方法和"水浴"软化蝴蝶的方法操作简单，材料也容易获得。人人都能够制作蝴蝶标本，拉近学生与科学的距离。

教师创新教具，以新（水浴法软化蝴蝶）去旧（石炭酸溶液软化蝴蝶），为学生的创新进行了示范：随着时间的推移和科学技术的不断发展，教具的制作方法也在不断创新，不墨守成规，摒弃不科学、不安全的制作方法，学会思考，更加注重新的方法和技术，以进一步提升教具的制作水平；同时，也给同学们留下了创新的空间：鉴于蝴蝶标本在冰箱中冷冻会死亡，借助"水浴法"软化蝴蝶，能够将蝴蝶制作成更适合观察的标本，其他动植物标本的制作也能够借助方法改造来进一步改良，使标本的制作更加容易、简单，给学生留有一定的思考空间，同时又能激发他们探索的热情。

（二）教具的制作材料创新，以"奇"除"弊"

一方面，目前教育经费短缺直接造成小学教师在教具制作投入上捉襟见肘的现象。这也是妨碍教师制作教具积极性的一个因素，最终造成现在的小学课堂上很少能看到教师制作的教具；另一方面，教具使用不当也造成很多教具使用不当。制作教具的材料是不是一定要贵重，一定要是珍贵稀有之物？显然不是。好的制作材料大多数情况会给科学教具带来惊喜，让科学教具脱颖而出。首先，一款优秀的教具应该能让学生更容易贴近自己的生活。如果制作教具的材料大多来自学生生活之外，学生的制作探索热情就会下降。其次，一款优秀的教具应该帮助教师取得更好的教学效果。教师要开发和有效借助当地资源，寻找简单、合适的实验材料，直接投入到教育教学过程中。

下面两个教学实例表明，师生正确借助日常生活中的物品制作教具，杜绝教具制作中材料的不当使用，能更好地满足教学需要。

1. 水的循环演示仪

（1）制作背景

新课标版小学科学三年级下《温度与水的变化》单元中涉及到水的循环的知识点。本单元主要以水为例，引导学生探究温度与物质状态变化的关系。课本上一般都配有温度计，让学生直观感受温度，但学生很难理解液态水变成水蒸气的过程。因此，老师在教学时设计了一个简单的水循环演示器。

（2）创新设计

设计一个简单的水循环演示器，其制作原理：水从液态变为气态，气态变为液态，液态再返回教具中的加热器变为气态，整个过程被投入实验。其中，输液器中的放大器使得这个过程中的现象更加明显。

（3）制作步骤

步骤一：将八宝粥瓶、矿泉水瓶、墨水瓶酒精灯依次组装好，在八宝粥容器中加入半桶水（高度要达到矿泉水瓶的插入点），并点燃酒精灯加热。

步骤二：当加热到一定程度时，液态水变成水蒸气，水蒸气升到矿泉水瓶中冷却逐步形成小水珠。

步骤三：当矿泉水瓶中的水滴达到一定量时，顺着输液器流入八宝粥瓶中。在此过程中，观察者能够清楚地观察到液态水在输液器放大器中向下流动的过程。

（4）教具评价

水循环是我们日常生活中最常见的自然现象，但在日常生活中，我们看到的是水的三种状态，形态各异，互不相连。仅凭一个温度计，教师很难对这一现象进行透彻的讲解和分析，致使三年级的学生在学习后对整个水循环过程的理解仍然存在盲区。演示仪器直观地再现了水从液态到气态的转化过程，让学生耳目一新，将学生难以理解和掌握的水循环自然现象直观地展示出来，宏观封闭法让学生在实验中直观地了解了水循环的原理。

教师创新教具的"奇"与"弊"，为学生的创新做了示范：很多常见的材料都被认为是制作这款教具的材料，比如八宝粥的空罐头、矿泉水瓶等材料。世界上随处可见的废弃物品，被这里的老师们开发，变成了科学的教具，取得了惊人的成功。他们很好地演示了水循环，解决了水循环知识点中的难点问题。教具不再是实验室的"特产"，也能够是自己做的"代用品"。学生只要掌握基本的科学原理，勤于动手，也能做出有趣的教具；同时，学生也有创新空间：本次实验的原理非常简单，制作材料也很容易获得。是否能够用同样的材料制作其他教具，是否能寻找更合适的废品来代替教具中的空八宝粥瓶和矿泉水瓶，使教具更加完善，达到更好的实验结果，这些问题留给同学们。创新空间激发学生的创新，引导学生的创新，同时成就学生的创新路径。

2. 物质的变化——白糖加热器

（1）背景介绍

"白糖的加热"实验探究活动是课本中小学六年级科学单元"物质的变化"中涉及的一项活动。教材中的设计是老师直接拿着一个金属勺子放在蜡烛上进行实验。加热过程中，白糖达到一定温度开始沸腾，糖液会四处飞溅；白糖加热到一定程度会燃烧。这个过程对操作员老师和观察员学生都不安全。

（2）创新设计

新设计中，为了使实验更安全、操作更方便，在两个方面进行了改进：首先，勺子由钢丝三脚架做支撑，达到解放双手的效果；

其次，用酒精灯代替蜡烛加热糖，进一步提升了操作的便利性。

（3）制作步骤

步骤一：选择合适的勺子、酒精灯和三脚架，将勺子固定在三脚架上。

步骤二：勺子里放入一定量的糖，先点亮酒精灯，然后把固定勺子的三脚架移到酒精灯的上方。

步骤三：加热约2分钟，在一定安全距离内仔细观察糖的变化。

（4）教具评价

操作方便是实验教具应遵循的基本原则之一。此外，选择合适的、通用的教具，弥补了小学科学教师制作教具材料的不足，为创新教具创造了更多可能。

教师以"奇"去"弊"的教具创新，为学生的创新进行了示范：通过采用金属线材和具备多种功能的酒精灯，使新实验变得安全又新颖，令人眼前一亮。教师在制作教具时，不仅要考虑教具的演示效果，还要考虑实际的操作过程。该实验设计不仅消除了改造后师生在实验中的不安全因素，也解放了教师双手，操作方便。而且，本实验选材安全、成本低。勺子是我们生活中随处可见的物品，三脚架和酒精灯也是我们实验室配备的。正确选用材料能够使我们的探究实验达到最佳效果，同时教具的制作给学生的创新留有余地：金属丝是一种容易弯曲的材料，学生能够参照结合实验设计出多样的形状，或者能够借助金属丝的特性，运用到其他教具中。

（三）教具制作的形式创新，以"形"补"形"

追求形式大多数情况被认为忽视了主要内容。形式被认为是教具的外观，不仅是教具的精美包装，也是教具的重要特征之一。好的教具应该追求形式美和内容美，即追求内容和形式的完美统一。随着时间的推移和科学技术的逐步发展，小学科学教具形式上的各种创新也屡见不鲜。

新型教具——多媒体教具以其效果生动、形式新颖、变化丰富等优点，逐渐走进了当前的课堂教学，用来充当一项新技术。它使原来枯燥难懂的知识变得生动、简单，吸引学生的注意力，也更容易解释一些学生难以理解的复杂、抽象的知识。随着时间的推移和信息技术的不断发展，将当代多媒体教具引入课堂已成为大势所趋。下面分享介绍两款形式新颖的小学科学多媒体教具。

1. "四季的成因"——多媒体动画

（1）背景介绍

《为什么一年有四季》是新课标小学科学五年级下《地球的运动》单元第七课时的内容，在第六课时中学生对地球的自转和公转有了一定的了解，明白了昼夜交替是地球自转的结果。这节课，课本在前面的知识基础上，提出探究的题目"地球上为什么有四个季节?"以往在讲解"四季"知识点时，教师通常会选择演示地球仪，让学生了解地球公转自转的规律，但四季的形成是地球绕太阳公转的结果。一方面，地球一直在不断地自西向东自转，同时地球也在围绕太阳公转。教师很难手动将地球旋转到准确的位置，让学生掌握地球与太阳的关系，使学生了解春分、夏至、秋分、冬至的具体形成。阻碍了学生进一步探索其中的奥秘。随着时间的推移和多媒体教具的引入，教师能够借助多媒体进行动画演示，对传统的实体教具演示方式进行了补充。

（2）创新设计

首先，借助多媒体动画展示了地球自转和公转、阳光直射和斜射的不同情况。看完动画后，学生能够思考、讨论、推理四时变化的原因。教师能够借助动画向学生清楚地解释四个季节变化的原因。此外，教师还能够在现有的基础上多提问，比如为什么赤道、南极、北极周围的地方没有季节变化？教师可引导学生讨论，再观察课件演示，最后寻求验证。

（3）制作步骤

步骤一：收集相关地球和太阳动画的信息。

步骤二：剪辑成符合学生认知能力的动画短片。

（4）教具评价

在小学科学课程中，常有一些知识点，鉴于学生缺乏感性认识，难以掌握，教学难度大。一节课下来，学生大多数情况很难掌握这部分知识。以往，教师在课堂上普遍采取使用制作实物教具、实物演示的方式。但在一些技术含量高、对教师操作要求高的实验中，教学效果大多数情况不尽如人意。多媒体教具通常以音频、图片、动画、视频等形式出现，无论是在演示准确性还是在视听方面，都能够降低教学难度，培养学生的科学素养。《四季成因》动画教具借助多媒体教具的优势，借助动画教学软件将这些抽象的概念形象化，然后让学生自己总结规律。这种教学过程符合学生的认知规律，有助于学生更好地理解概念和解决实际问题。

科学课堂在教师示范的基础上辅以多媒体动画。教师创新以"形"补"形"的教具，为学生的创新进行了示范：随着时间的推移和科学技术的逐步提高，教具的制作不再局限于制作实物教学的单一形式。新兴形式的教具逐渐进入课堂，多媒体教具是主力军。同时，教具的制作为学生的创新留有余地：当学生在日常学习中遇到一些抽象的、难以理解的知识点时，能够借助多媒体进行学习。

2.《爱护珍惜动物和植物》——多媒体课件

（1）背景介绍

《爱护珍惜动物和植物》是新课标版小学科学五年级下第三单元《生物与环境（二）》中的内容。本课的主要教学目标是让学生了解地球上一些已经灭绝或濒临灭绝的动植物，了解我们国家特有的珍稀动植物，重点了解一些珍稀动植物的生存状况，让学生认识到爱护珍稀动植物的重要性，树立爱护环境的意识。教材中附有扬子鳄、大熊猫、水杉、珙桐四张图片。

（2）创新设计

"在传统的黑板教学模式中，生物学的教学，总是离不开挂图、标本和模型等传统教具。"但是，本课的珍贵动植物，特别是珍贵的大型动植物，大多数情况没有标本、模型等教具，教师自己制作教具有一定难度。教师在教学时一般会选用国家予以的少量挂图和标本。这种学习使学生对动植物的了解大多数情况是肤浅的，也影响了大部分学生对动植物感兴趣的积极性。

自多媒体引入课堂教学以来，大量的图片、资料、视频被教师选用。这节课，老师收集了课本上的伪斑马、袋狼、卡罗来纳鹦鹉，还有我们国家的麋鹿、野马、新疆虎、毛里求斯的渡渡鸟、哥斯达黎加的蟾蜍等珍稀动植物，内容丰富多彩。不仅仅包含图片，老师们还通过一些珍爱动植物的纪录片，直观生动地向学生们展示了珍爱动植物生存环境的重要性。

（3）制作步骤

步骤一：收集珍稀动植物的图片和纪录片。

步骤二：组织剪辑成符合学生认知能力的动画短片。

（4）教具评价

多媒体技术给了现在的小学课堂很多的可能性。无论是网络上的各种图片，还是老师收藏的动画、视频，都能够在课堂教学中直观展示。真实动人的画面给学生巨大的形象冲击力，这是平面教具无法替代的。在这个过程中，学生体验到前所未有的审美体验。多媒体技术改变了以往教师依靠课本予以资料的形式，将网络上大量有用的信息借助多媒体展示给学生，丰富了学生的科学知识。

开发多媒体资源，用动态图片补充现有的静态挂图和标本。教师以"形"补"形"的教具创新，为学生的创新进行了示范：教具不再只是在实验室；教具形式不断创新；教具不仅仅能够是实物形式，多媒体技术赋予了教具新的表现形式。同时，教具的制作也给学生留下了创新的空间：学生掌握了网络搜索技术和图片、视频等处理技术，能够在教师制作的基础上再次检索资料，完善课件。

参考文献

著作类：

［1］［日］井上光洋著，刘宝霞，郭友，译. 教师的时间能力与课堂教学
［M］. 中日教育工程培训班资料，1998.

［2］周南照，赵丽，任友群. 教师教育改革与教师专业发展：国际视野与
本土实践［M］. 上海：华东师范大学出版社，2007：150.

［3］李其龙，陈永明. 教师教育课程的国际比较［M］. 北京：教育出版
社，2002：107.

［4］［美］艾萨克·康德尔著，顾明远主编，王承绪等译. 教育的新时代：
比较研究［M］. 北京：人民教育出版社，2001：282－283，276－
289，293.

［5］Douglas R. Miller, Gary S. Bilking & Jerry L. Gray. Educational
Psychology an Introduc－tion［M］. Wm. C. Brown Company Publisher,
1982：12.

［6］王宪平. 课程改革与教师教学能力发展研究［M］. 上海：学林出版
社，2009：98.

［7］范丹红. 教师专业技能训练与教育实习［M］. 北京：北京师范大学出
版社，2013：4、86-89.

［8］叶发钦. 新教师技能［M］. 北京：北京师范大学出版社，2009：35－
37、142-143.

［9］ 刘芳，李颖.教师专业化发展的理论与实践［M］.北京：光明日报出版社，2010：22-24、3、126.

［10］ 李森.教师职业技能训练教程［M］.北京：高等教育出版社，2009：前言、243-244.

［11］ 李兴良，马爱玲.教学智慧的生成与表达——说课原理与方法［M］.北京：教育科学出版社，2006：1-7、19-24.

［12］ 刘显国.说课艺术［M］.北京：中国林业出版社，2000：4-5.

［13］ 方忠贤.教师专业发展的4项基本技能——备课、说课、观课、评课［M］.上海：华东师范大学出版社，2013：78-79.

［14］ 郑金洲.说课的变革［M］.北京：教育科学出版社，2007：21-64.

［15］ 赵成喜.说课的技巧与艺术［M］.长春：东北师范大学出版社，2010：12-15.

［16］ 胡惠闵，王建军.教师专业发展［M］.上海：华东师范大学出版社，2014.

［17］ 袁振国.当代教育学［M］.北京：教育科学出版社，2010：134.

［18］ 傅建明.课堂教学基本技能训练［M］.杭州：杭州大学出版社，1995.175.

［19］ 韦志成.语文教学设计论［M］.广西：广西教育出版社，1996.95-96.

［20］ 李冲锋.教学技能应用指导［M］.上海：华东师范大学出版社，2007：23-24.

［21］ 郭友.新课程下的教师教学技能与培训［M］.北京：首都师范大学出版社，2004：129-134.

［22］ 李冲锋.教学技能应用指导［M］.上海：华东师范大学出版社，2007：82-93，106-108，114.

［23］ 卫建国，张海珠.教学技能导论［M］.北京：北京师范大学出版社，2012：30-34.

［24］ 严先元.教师的教学技能［M］.北京：中国轻工业出版社，2007：116.

[25] 张丹. 小学数学教学策略 ［M］. 北京：北京师范大学出版社，2010：30-31.

[26] 杨庆余. 小学数学课程与教学 ［M］. 北京：中国人民大学出版社，2010：208-210.

[27] 冯建军. 生命与教育 ［M］. 北京：教育科学出版社，2014 (11). 153.

[28] 钟为永. 中学语文板书设计 ［M］. 杭州：浙江教育出版社，1985. 8，6，8.

[29] 曹长远. 师范书法硬笔教程 ［M］. 北京：高等教育出版社，2004. 24-26.

[30] 刘敬瑞. 新编教师书写技能与书面表达技能 ［M］. 上海：华东师范大学出版社，2007. 66.

[31] 姚运标. 优秀教师的专业基本功 ［M］. 安徽：安徽师范大学出版社，2013. 211.

[32] 祝智庭. 现代教育技术——走进信息化教育 ［M］. 北京：高等教育出版社，2001. 9.

[33] 叶发钦. 新教师技能 ［M］. 北京：北京师范大学出版社，2009. 1.

[34] 黄家荣. 多媒体课件制作原理与应用 ［M］. 成都：西南交通大学出版社，2005. 28.

[35] 朱京曦. 多媒体教学策略 ［M］. 北京：北京师范大学出版社，2010. 14，39，224，13.

[36] 高文，徐斌艳，吴刚. 建构主义教育研究 ［M］. 北京：教育科学出版社，2008. 5.

[37] 布鲁克斯（Brooks J. G.）. 建构主义课堂教学案例：万千教育 ［M］. 中国轻工业出版社，2005. 38.

[38] 张景中，彭翕成. 学科教学中的信息技术 ［M］. 北京：北京大学出版社，2013. 9-16.

期刊类：

[1] 钱海锋. 教学实践能力的构成及其对教师教育的启示 [J]. 教育评论，2015（4）：77-79.

[2] 杜惠洁. 实践指导教师：德国教师教育的桥梁性角色 [J]. 教育发展研究，2008（6）：92-96.

[3] 王凌，陈瑶. 大学与中小学合作伙伴关系的形成与发展 [J]. 民族教育研究，2010（2）：54-60.

[4] 周均. 霍姆斯小组与美国教师教育改革 [J]. 比较教育研究，2003（11）：37-40.

[5] 盛迪韵. 教学实践能力的涌现：从日本教师教育课程模式谈起 [J]. 上海师范大学学报（哲学社会科学版），2012（1）：59-66.

[6] 刘儒德. 用"基于问题学习"模式改革本科生教学的一项行动研究 [J]. 高等师范教育研究所，2002（3）：49-54.

[7] 邵光华. 全日制教育硕士专业学位研究生实践教学模式研究 [J]. 教师教育研究，2012（2）：87-91.

[8] 傅维利，刘磊. 个体实践能力要素构成的质性研究及其教育启示 [J]. 华东师范大学学报（教育科学版），2012（1）：1-13.

[9] 黄锐. 以实践能力为核心的专业硕士培养模式探究 [J]. 教育探究，2014（11）：88-94.

[10] 吴晓威，曹雷，王兴铭，等. 全日制教育硕士专业学位研究生实践能力培养体系的构建与思考 [J]. 中国高教研究，2014（11）：103-105.

[11] 东北师范大学. 体验·提升·实践·反思——东北师范大学全日制教育硕士研究生培养综合体制改革 [J]. 教育研究，2014（12）：2.

[12] 朱根新. 论教育硕士课程设置及其建设 [J]. 清华大学教育研究，2006（4）：113-118.

[13] 陈庆祝，王玉. 香港高校的人才培养模式考察及启示 [J]. 高教探

索，2014（1）：105-109.

[14] 刘献君，吴洪富. 人才培养模式改革的内涵、制约与出路 [J]. 中国高等教育，2009（12）：10-13.

[15] 王仕杰. 对全日制教育硕士生进行差异化培养的思考 [J]. 学位与研究生教育，2014（12）：16-20.

[16] 张乐平，付晨晨，朱敏，等. 全日制硕士专业学位研究生教育课程体系的独立性与实践性问题 [J]. 高等工程教育研究，2015（1）：161-167.

[17] 华春燕，占小红，邹佳晨. 全日制教育硕士教学实践能力培养的实践探索与路径革新——基于 H 大学的调查分析 [J]. 教师教育研究，2022，34（02）：31-38.

[18] 吴芳竹，王宽明. 课改近十年中小学说课研究的元研究 [J]. 中小学教师培训，2015，1：37-39.

[19] 王萍，毕华林. 要重视化学教学中的导入 [J]. 当代教育科学，2003（20）：59-60.

[20] 李俊华. 课堂提问的技巧 [J]. 教育评论，2007（2）：148.

[21] 王方林. 何谓有效的提问 [J]. 教育理论与实践，2002（7）：45-47.

[22] 鲁翠仙. 数学教师课堂提问的方法与技巧 [J]. 临沧师范高等专科学校学报，2013（2）：82.

[23] 林林. 教室空间布局中的生活化、个性化探索 [J]. 教育理论与实践，2019（20）.

[24] 张伟，孙喆. 隐忧与消解：现代教育技术催逼下传统板书的功能审思与改进路径 [J]. 基础教育. 2022，19（3）：80.

[25] 陈凤英. 书写技能：教师教育实践性课程实施之基础 [J]. 哈尔滨学院学报，2014，（07）：136.

[26] 陈玉红. 关于提升汉字书写技能的思考 [J]. 教育探索，2010，（07）：49.

[27] 雷庆祝，刘诗茂. 传统粉笔字教学与多媒体教学的影响分析 [J]. 数

据统计与管理，2011，（05）：942.

[28] 朱晓民. 多媒体技术在小学语文教学中的应用状况研究 [J]. 课程 教材 教法，2012（05）：99-104.

[29] 冯春生. 多媒体课件的评价指标及制作流程综述 [J]. 教学研究，2006（4）：355-357.

[30] 何克抗. 多媒体课件及网络课程在教学中的运用 [J]. 中国大学教学，2007（5）：74-77.

[31] 曾照玲. 论教师教学技能训练的原则 [J]. 中国成人教育，2008（11）：80-81.

[32] 王存贵. 教师现代化是教育现代化的关键 [J]. 上海教育科研，2008（7）：68-69.

学位论文类：

[1] 矫沂儒. 地方高师院校教师职前教育实践教学存在问题与改进策略研究 [D]. 济南：山东师范大学，2012（5）：3-4.

[2] 冷蓉. 高校师范生教学实践能力现状调查研究——以 S 大学为例 [D]. 上海：上海师范大学，2013：2-3，36-60.

[3] 刘晓茜. 高等师范院校学生教学实践能力培养研究——以新建本科师范院校为例 [D]. 沈阳：沈阳师范大学，2011：2-9.

[4] 郭晓靖. 师范生教学实践能力的现状调查与培养研究——以 XX 师范大学为例 [D]. 西安：陕西师范大学，2014：16-17.

[5] 刘璐. 全日制教育硕士实践能力培养研究——以沈阳师范大学为例 [D]. 沈阳：沈阳师范大学，2014：9-10.

[6] 冯晓丽. 高师院校硕士研究生教学实践能力的培养策略研究 [D]. 曲阜：曲阜师范大学，2009：7.

[7] 薛娜. 高师小学教育专业学生教学实践能力的现状研究——以 Z 校小学教育专业为例 [D]. 长春：东北师范大学，2012：4-5，29-37.

[8] 李海燕. 职前化学教师对自身教学实践能力现状的自我检视——以东北师范大学化学化工学院 2010 级师范生的调查研究 [D]. 长春：东北师范大学，2014：9-13.

[9] 宋楠楠. 高师学生教育实践能力的养成探究 [D]. 重庆：西南大学，2010：10-27.

[10] 刘亚龙. C 大学全日制教育硕士（小学教育）教学能力现状调查研究 [D]. 重庆：重庆师范大学，2014：35-43.

[11] 王燕飞，美国"能力本位"教师教育运动研究 [D]. 山东师范大学，2013.

[12] 梅亚平. 小学数学新课导入的问题及其对策 [D]. 鲁东大学，2014：3，2.

[13] 岳晓杰. 新课改下高中历史课堂导入策略研究 [D]. 河南师范大学，2012. 25.

[14] 李旸. 初中英语课堂的导入环节研究 [D]. 华东师范大学，2011. 27.

[15] 郭静. 高中语文课堂导入教学研究 [D]. 河南大学，2011. 2.

[16] 杨蓉. 小学数学课堂教学中教师提问调查研究 [D]. 呼和浩特：内蒙古师范大学，2013：6-7.

[17] 夏鸣鸣. 高中课堂提问探究 [D]. 贵阳：贵州师范大学，2008：1-2.

[18] 徐婷. 初中数学课堂提问有效性的研究 [D] 大连：辽宁师范大学，2012：4.

[19] 苗畅. 新课改背景下教师课堂提问设计的研究 [D]. 哈尔滨：哈尔滨师范大学，2012：3.

[20] 徐娟. 小学数学课堂提问的有效性研究 [D]. 南京：南京师范大学，2011：6-7.

[21] 高亚静. 优化初中化学课堂提问的行动研究 [D]. 南京师范大学，2011：3.

[22] 王雪梅. 课堂提问的有效性及其策略研究 [D]. 兰州：西北师范大学，2006：13.

［23］陈莉.新老教师初中教学课堂行为比较研究［D］.杭州：杭州师范大学，2013：16-17.

［24］张新宇.小学语文教师课堂提问研究［D］.长春：东北师范大学，2011：11.

［25］司丽娜.小学教师课堂提问有效性的研究［D］.南京：南京师范大学，2011：7.

［26］朱海霞.小学数学教师课堂提问有效性探索［D］.重庆：西南大学，2008：4.

［27］赵冬臣.小学数学优质课堂的特征分析［D］.长春：东北师范大学，2012：112.

［28］张亚明.对小学教师课堂提问现象的分析与批判［D］.兰州：西北师范大学，2012：37-38.

［29］何裙裙.小学数学课堂提问教学策略研究［D］.天津：天津师范大学，2010：43.

［30］柳晓丹.优秀数学教师的课堂提问研究——教学事件的视角［D］.上海：华东师范大学，2011：50-54.

［31］李一婷.小学数学教师理答行为的研究［D］.南京：南京师范大学，2011：31-34.

［32］袁玉芹.提升教师课堂提问效能的策略研究——以小学数学课堂教学为例［D］.重庆：西南大学，2013：48.

［33］杜静.小学数学课堂教师提问策略的研究［D］.烟台：鲁东大学，2014：31.

［34］赵晓霞.小学生汉字书写水平问题研究［D］.广州大学，2011.29.

［35］雷捷.三笔字评分系统的设计与实现［D］.厦门大学，2013.54-56.

［36］徐辉.美国面向中小学教师的教育技术标准研究［D］.西南大学，2009.

［37］王柳元.义务教育阶段教师应用现代教育技术的调查研究［D］.重庆师范大学，2012.

［38］张莹莹. 中小学教学媒体使用现状调查研究［D］. 东北师范大学，2012.

［39］管西荣. 山东省基础教育信息化教学发展现状与对策研究［D］. 山东师范大学，2014.

［40］黄娟. 多媒体辅助教学的研究现状及趋势［D］. 河南大学，2013.

［41］闫英琪. 中小学教师信息技术能力培训内容体系研究［D］. 西北师范大学，2010.

［42］卿丽. 多媒体课件的文化创作［D］. 湖南师范大学，2012.

［43］张天霞. 游戏性课件的设计技术及开发实践的研究［D］. 哈尔滨师范大学，2011.

［44］王学新. 多种学习理论视野下的计算机辅助教学设计研究［D］. 四川师范大学，2011.

其他：

［1］胡乐乐. 美国大学积极提升中小学教育［Z］. 上海教育杂志社. 此岸·彼岸——28国教育改革进行时. 上海：上海教育出版社，2007：269-272.

［2］中华人民共和国教育部. 义务教育语文课程标准（2022年版）［Z］，北京：北京师范大学出版社，2022.4.

［3］中华人民共和国教育部. 义务教育科学课程标准（2022版）［Z］. 北京师范大学出版社，2022年.